図解 ジオ・ヒストリア

長期変動の世界史が語る衝撃の事実!!

茂木誠

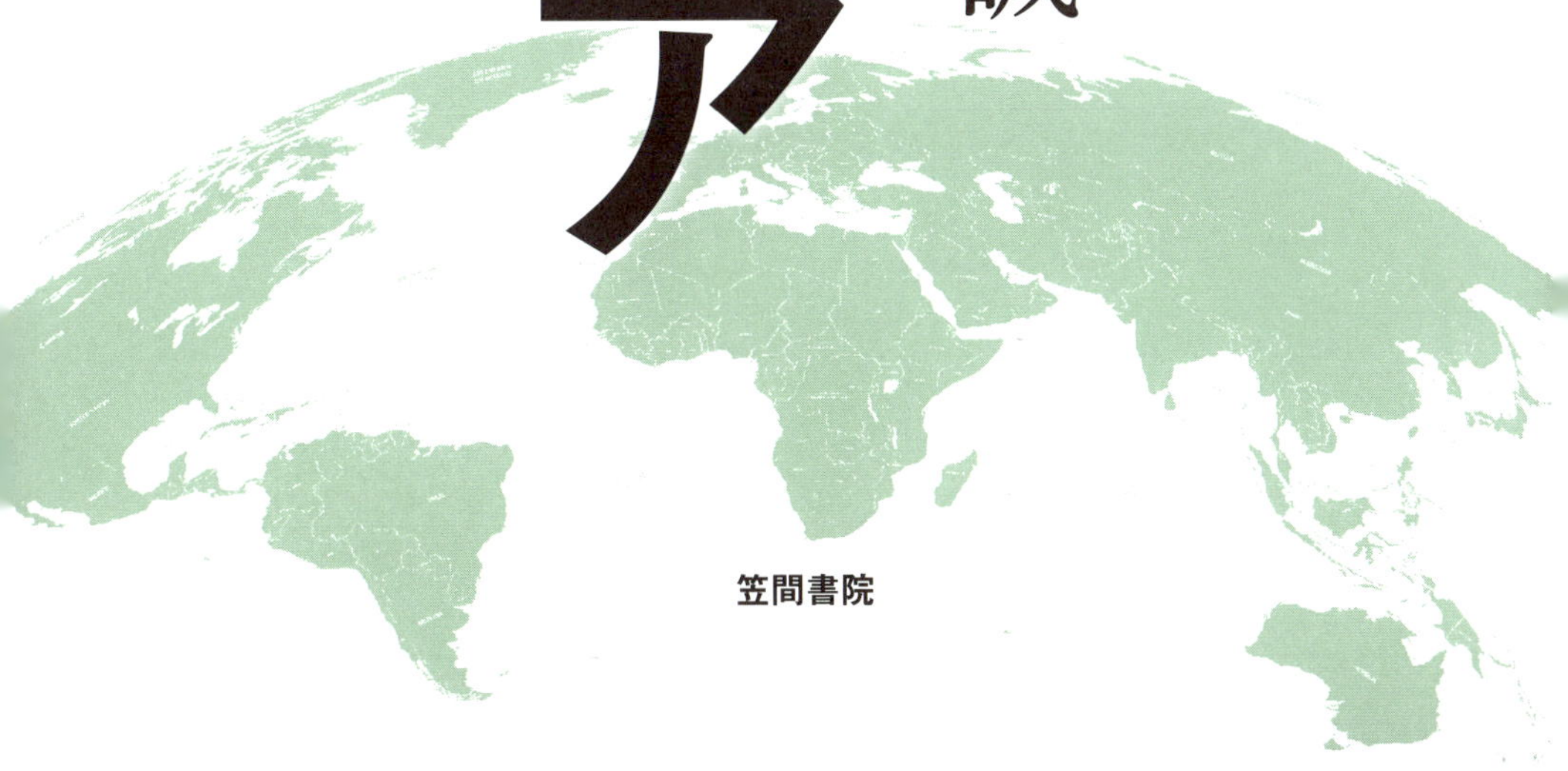

笠間書院

『図解 ジオ・ヒストリア』刊行にあたって

『ジオ・ヒストリア』刊行から約2年が経ち、ふたたび夏の終わりが訪れています。

この間、私は日本各地を巡って神社や巨石と自然環境との関係を調査してまいりました。その成果はいずれ、『ジオ・ヒストリア2』にまとめて世に問いたいと考えております。

今年は畑を借りて、野菜作りを本格的に始めました。畑を持つと、長雨、ひでり、台風に一喜一憂するようになり、地球や太陽の動向にますます意識が向かうようになります。

正月には能登で震災があり、8月には宮崎沖地震を受けて南海トラフ地震に関する警報もはじめて出されました。

ダイナミックに活動しつつ、豊かな恵みももたらす日本列島という大地の上に、われわれは奇跡のように生かされているのを実感します。

そのことに感謝しつつ、一人でも多くの方に『ジオ・ヒストリア』の世界を知っていただくため、大型のビジュアル版としてリニューアルさせていただきます。

２０２４年晩夏

茂木 誠

はじめに

歴史とは、史料に残された個々の事件（短期変動）を記録することだと考えられてきました。今でも歴史のテストで、事件や年号を出題する先生が多いのはそのためです。ほんとうに、うんざりしますね。これで歴史が嫌いになった人が多いと思います。

もちろん個々の事件が歴史の出発点ではあるのですが、そのような事件を生み出した数十年単位の景気変動や人口変動（中期変動）、さらには数百年、数千年単位の気候変動（長期変動）まで考察すべきだ、と提唱したのが、フランスの歴史家フェルナン・ブローデルでした（『フェリペ２世時代の地中海と地中海世界／邦題『地中海』浜名優美訳　藤原書店２００４』）。

「地球温暖化」の危機が叫ばれ、地球環境に対する「グローバルな取り組み」が国連の音頭で進んでいます。規制には新たな利権が生まれ、企業間の生存競争に拍車がかかっています。

その一方で、歴史学がいまだに「事件史」にとどまっているのは歯がゆい思いです。歴史学者は専門分野のタコツボから出て、自然科学系の専門家とのコミュニケーションを深め、その最新の知見を歴史研究に取り入れるべきでしょう。その試みでは、考古学の分野が先頭を切っています。

筆者は、「世界史」を受験生に教えてきた予備校講師です。その立場から、必要に迫られて「長期変動」について学んできました。その過程で私自身が「目からウロコ」の衝撃を受けた最新情報を、読者に紹介したいと思ったのが、本書執筆の動機です。

まずは、太陽と地球の関係から、お話をはじめましょう。

図解 ジオ・ヒストリア
長期変動の世界史が語る衝撃の事実!!

目次

CHAPTER 1
太陽と星
Sun and Stars

CHAPTER 2

火山と寒冷化

Volcanoes and Global cooling

CHAPTER 3

地球温暖化と寒冷化

Global warming and Global cooling

CHAPTER 1

太陽と星

Sun and Stars

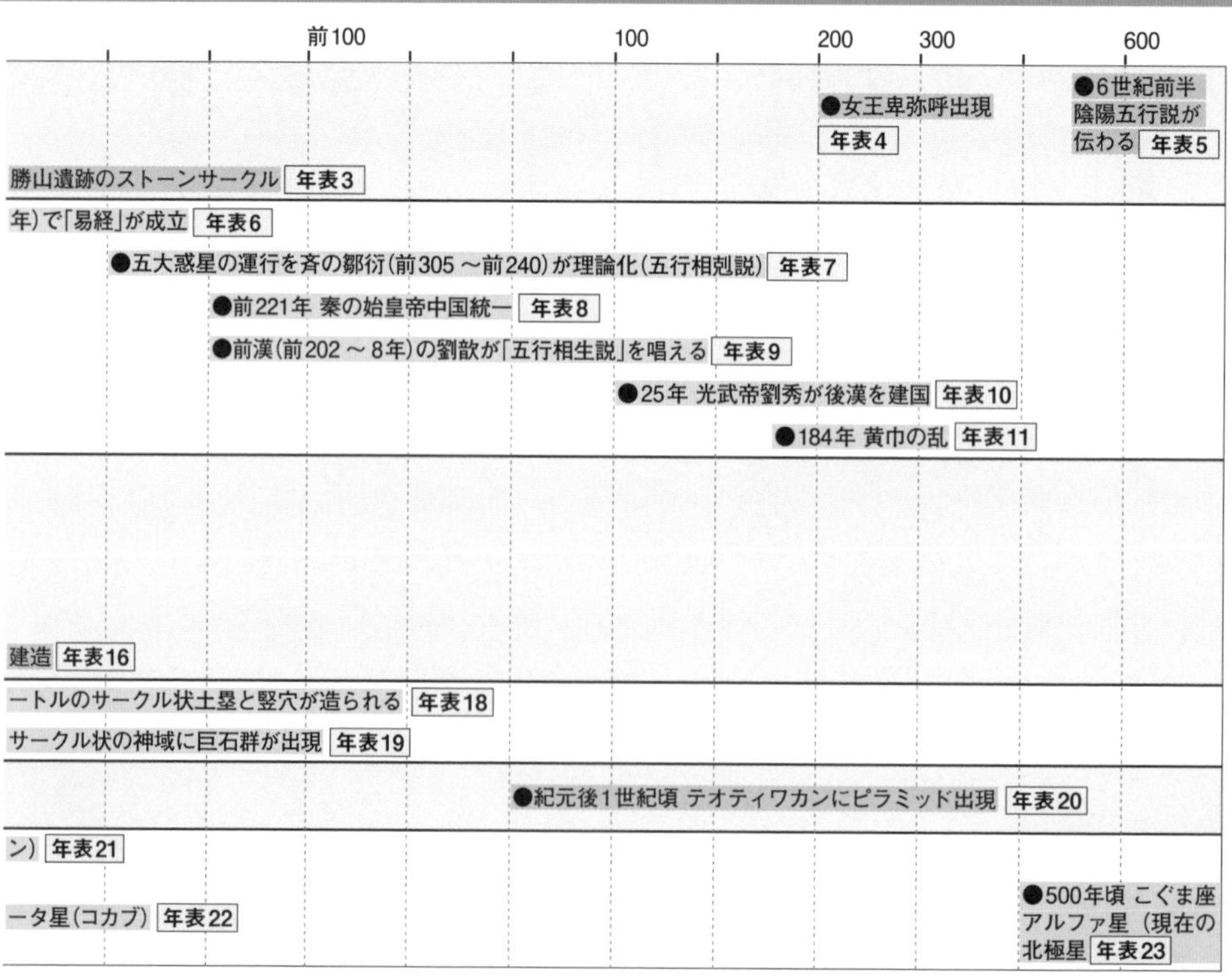

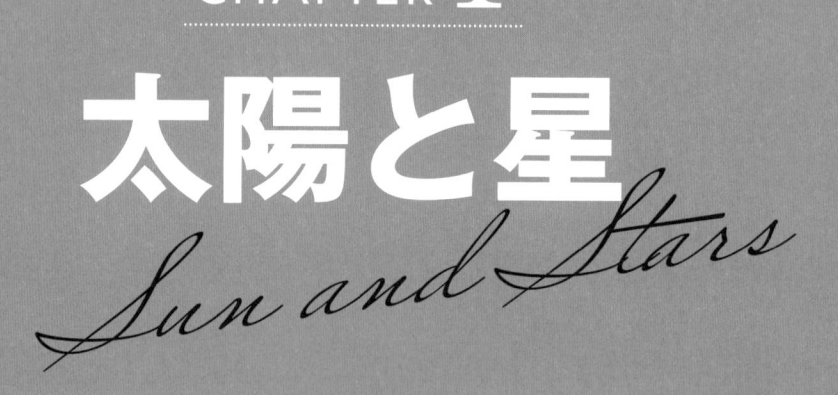

古来より天空の世界は人類と深い関わりを持ってきました。
とりわけ太陽と星は人々にとって、
ときに恵みを与えてくれる偉大な存在であり、
ときに災いもたらす畏怖の対象として
大いに崇められてきました。
本章では太陽信仰、太陽と星を結びつけて生まれた太陽暦、
惑星の発見によって生まれた占星術という3つの視点から、
太陽と星が我々人類に及ぼした影響について紐解きます。

リンク年表

前10000　前9000　前8000　前7000　前6000　前5000　前4000　前3000　前2000　前1000

日本	●前6000年頃 三内丸山遺跡 年表1 ●前2000年頃 大湯の環状列石 年表2 ●前1000年頃　大森
中国	●周（前1046 ～前256
西アジア、アフリカ	●前10000 ～前8000年 ギョベクリ・テペ神殿建造 年表12 ●前9000年頃 西アジアで農耕が始まる 年表13 ●前3000年頃 古代エジプト文明が起こる 年表14 ●前3000年頃 メソポタミア文明が起こる 年表15 ●前2500年頃 ギザの三大ピラミッド
イギリス	●前8000年頃 ストーンヘンジ出現 年表17 ●前3100年頃 ストーンヘンジに直径約100メ ●前2000年頃ストーンヘンジの
北アメリカ	
北極星の交代	●前3300年頃 りゅう座アルファ星（トゥバ ●前1100年頃こぐま座ベ

1 太陽信仰の起源とストーンサークル

日本の夏至は、おおむね梅雨の真っ最中。梅雨空の晴れ間に見える太陽は非常に高い位置にあり、紫外線がどんどん強まります。英語で夏至は「summer solstice」、冬至は「winter solstice」といいます。サルスティス（solstice）の語源はラテン語の「太陽（sol）＋とどまる（sistere）」です。

日の出の位置を毎日観測していると、冬至（12月20日前後）から夏至（6月20日前後）にかけて少しずつ北へ移動し、夏至から冬至にかけては少しずつ南へ移動していくのがわかります。日没の位置も同じです。太陽の動きは、夏至の頃に北端に達したところでとどまり（solstice）、反転して南に向かいます。逆に冬至の頃は南端でとどまり、反転して北へ向かうのです。図1

冬が長い北欧諸国やドイツでは、春が本格化する5月1日を五月祭、その前夜を「ワルプルギスの夜」と呼んで盛大に祝いました。

五月祭にはメイポール（五月の柱）と呼ばれる円柱

図1

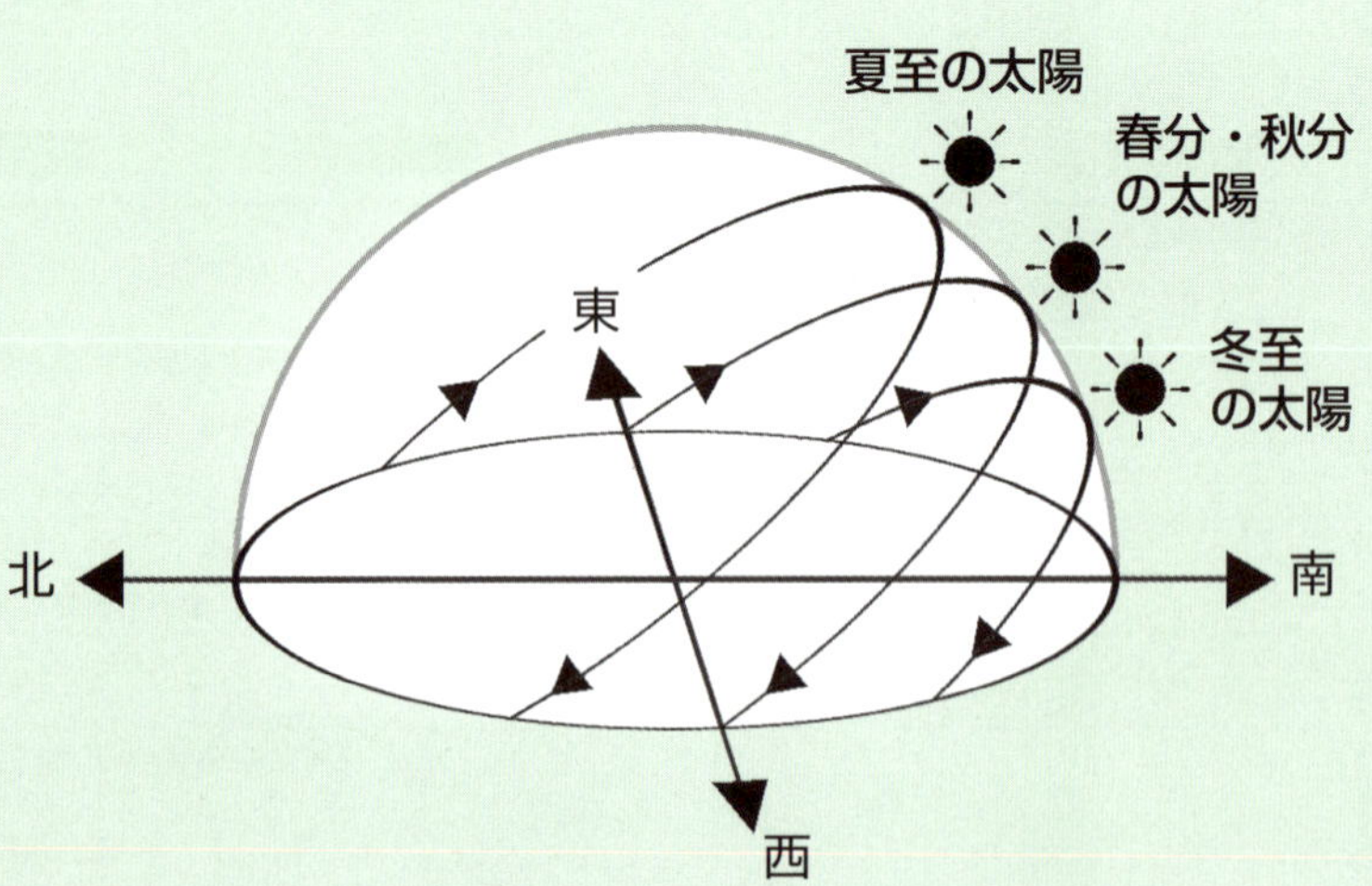

北半球から見た太陽の運行（著者作図）

を立て、その周りでダンスをします。写真1　日本の神社では、巨木にしめ縄を張って御神木とすることがよくありますが、メイポールも異教時代の巨木信仰の名残とする説があります。一方、前夜祭の「ワルプルギスの夜」はゲルマン神話の大地の女神ヴァルボルグの祭りを起源とし、大きな焚き火をたいて光の復活を祝う火祭りです。この夜には生者と死者との境目があいまいになるといわれ、火をたくことで悪霊を追い払うという意味がありました。写真2

キリスト教の宣教師たちは、ワルプルギスの夜を「魔女の集会（サバト）の夜」であるとおどろおどろしく宣伝し、翌日をキリスト教の聖女ワルプルガの日と定めることで、「異教の闇」→「キリスト教の光」という演出をしました。

この異教的、悪魔崇拝的な「ワルプルギスの夜」のイメージは、ゲーテの『ファウスト』で、主人公のファウスト博士が悪魔メフィストに導かれて、死者たちとどんちゃん騒ぎをするという設定に受け継がれています。

■ワルプルギスの夜　写真2

ゲルマン神話を起源とする光の復活を祝う火祭りです

■北欧（スウェーデン）の五月祭　写真1

中央に立つメイポールを囲んでダンスをします

太陽崇拝の祭日をキリスト教が作り変えた例には、左ページのようなものがあります。表1

夏至の祭りである「聖ヨハネ祭」は、イエスに先立って救世主の出現を予告し、ヘロデ王に処刑された洗礼者ヨハネの誕生日とされ、欧州各国で盛大に祝われます。

『新約聖書』には、洗礼者ヨハネが生まれて半年後にイエスが生まれたという伝承があるため、12月25日に定められたクリスマスから逆算して6月24日が「聖ヨハネの日」になったのです。写真3

聖ヨハネ祭の前夜には、悪霊や魔女が跋扈《ばっこ》するといわれ、これを払うための火祭りが催されました。

シェークスピアの戯曲『夏の夜の夢』は、古代アテネを舞台に、五月祭あるいは夏至の前夜に森に集まった人間たちと妖精たちが織りなす物語です。写真4 ロシアの作曲家ムソルグスキーの管弦楽曲「禿山《はげやま》の一夜」は、原題がズバリ、「聖ヨハネ祭前夜の禿山」で、夏至の前夜祭に集まった魔物や魔女たちの饗宴をテーマにしています。

19世紀イギリスの人類学者フレーザー資料1は、大著『金枝篇』の中で欧州各地の夏至の火祭りに共通項を見出して、こう説明しました。

「この洗礼のヨハネ祭当日は太陽の運行上における一大転機であって、太陽は日に増し高く天空を昇っていった後この日に至ってようやく上昇をやめ、その後は次第に天の路を降っていくのである。未開人が……このような大転換を不安の念を持って考慮しない筈がなかった。……その目には衰退して行くように見えた太陽に助力を与えることが出来る——彼のかよわい手をもってその衰え行く歩調を鼓舞し、消えかかった赤いランプに再び火を点じることができると想像したのだろう。わがヨーロッパ農民の夏祭りは、おそらく何かこのような思考に起源をもつものと思われるのである」(『金枝篇』永橋卓介訳　岩波文庫　1951)

火祭りが盛んなのは、夏が短い高緯度の欧州からロシアにかけて。太陽に対する憧れ、長い冬への恐怖がこのような祭礼を生んだのでしょう。

■太陽崇拝の祭日をキリスト教が作り変えた例

表1

冬至の祭り(12月20日頃)	クリスマス(イエスの生誕を祝う)
春分の祭り(3月20日頃)	復活祭(処刑されたイエスの復活を祝う)
夏至の祭り(6月20日頃)	聖ヨハネ祭(洗礼者ヨハネの生誕を祝う)

資料1

■イギリスの人類学者 ジェームズ・フレーザー

(1854～1941)

『金枝篇』の中で欧州各地の夏至の火祭りに共通項を見出し、太陽の運行とヨーロッパの農民たちの思考とのつながりを精査しています

写真3

イタリアのフィレンツェ・ウフィツィ美術館所蔵の「洗礼者聖ヨハネの誕生」(ヤコポ・ダ・ポントルモ作)。キリスト生誕前のヨーロッパでは夏至に祝祭が行われていましたが、その夏至祭が聖ヨハネの生誕日と結びつき、キリスト教の世界では夏至祭が聖ヨハネの生誕祭となっています

写真4

■シェークスピアの戯曲『夏の夜の夢』

有名な『夏の夜の夢』は、古代アテネを舞台に、五月祭あるいは夏至の前夜に森に集まった人間たちと妖精たちが織りなす物語です

「昼間の長さが一番長い日」というのが夏至の定義ですが、時計のなかった時代に昼間の長さを正確に測ることはできませんので、体感的な夏至の定義とは、「太陽が最も北から昇り、最も高い位置を通って、最も北に沈む」ということになるでしょう。

冬至はこの逆ですから、「太陽が最も南から昇り、最も低い位置を通って、最も南に沈む」となります。

東京で観測すると、日の出と日没の方角は下図のようになっています。「夏至の日の出」の方角の反対側が「冬至の日没」の方角、「冬至の日の出」の方角の反対側が「夏至の日没」の方角となります。図2

東京での昼間の長さを比較すると、冬至と夏至とでは約5時間もの差があります。表2

北極に近い高緯度地方になるとその差はどんどん広がり、北に行くほど夏は昼が長く、冬は昼が短くなります。表3

■東京の夏至と冬至の日の出と日没

方位は真北を0度とし、時計と同じ方向に数えます。真東が90度、真南が180度、真西が270度です。東京から見た夏至の太陽は、東北東の60度の方角から昇り、南天の高い位置を横切って西北西の300度の方角に沈みます。冬至の太陽は、東南東の118度の方角から昇り、南天の低い位置を通って西南西の241度の方角に沈みます。春分の日と秋分の日には、真東の90度の方角から昇り、真西の270度の方角に沈みます

図2

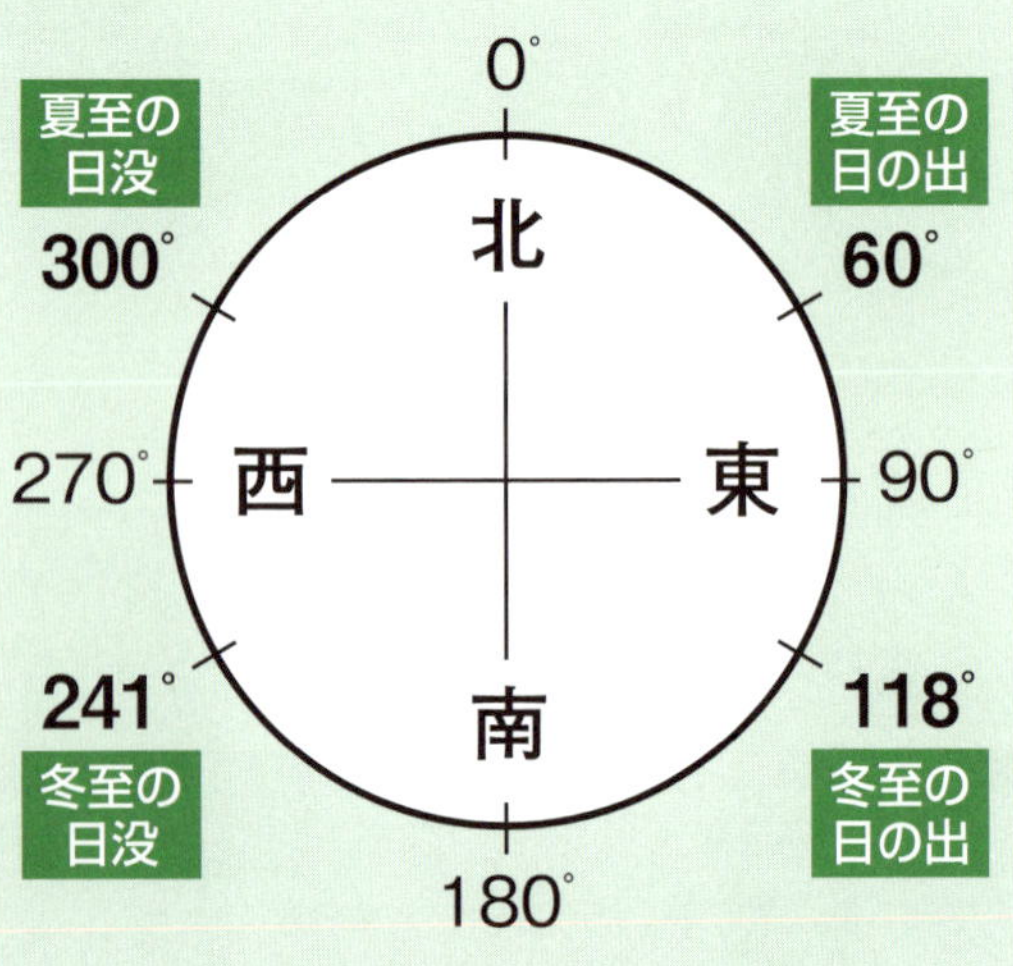

東京から見た日の出と日没の方向（著者作図）

■東京での昼間の長さの比較　　表2

冬至の日	9時間45分
夏至の日	14時間35分

■夏至の日の昼間の時間の比較　　表3

東京	14時間35分（日の出４時25分、日没19時00分）
札幌	15時間13分（日の出３時55分、日没19時18分）
稚内	15時間17分（日の出が３時44分、日没が19時27分）
モスクワ	17時間34分（日の出が3時44分、日没が21時19分）
レイキャビク	22時間00分（日の出が２時18分、日没が０時18分）

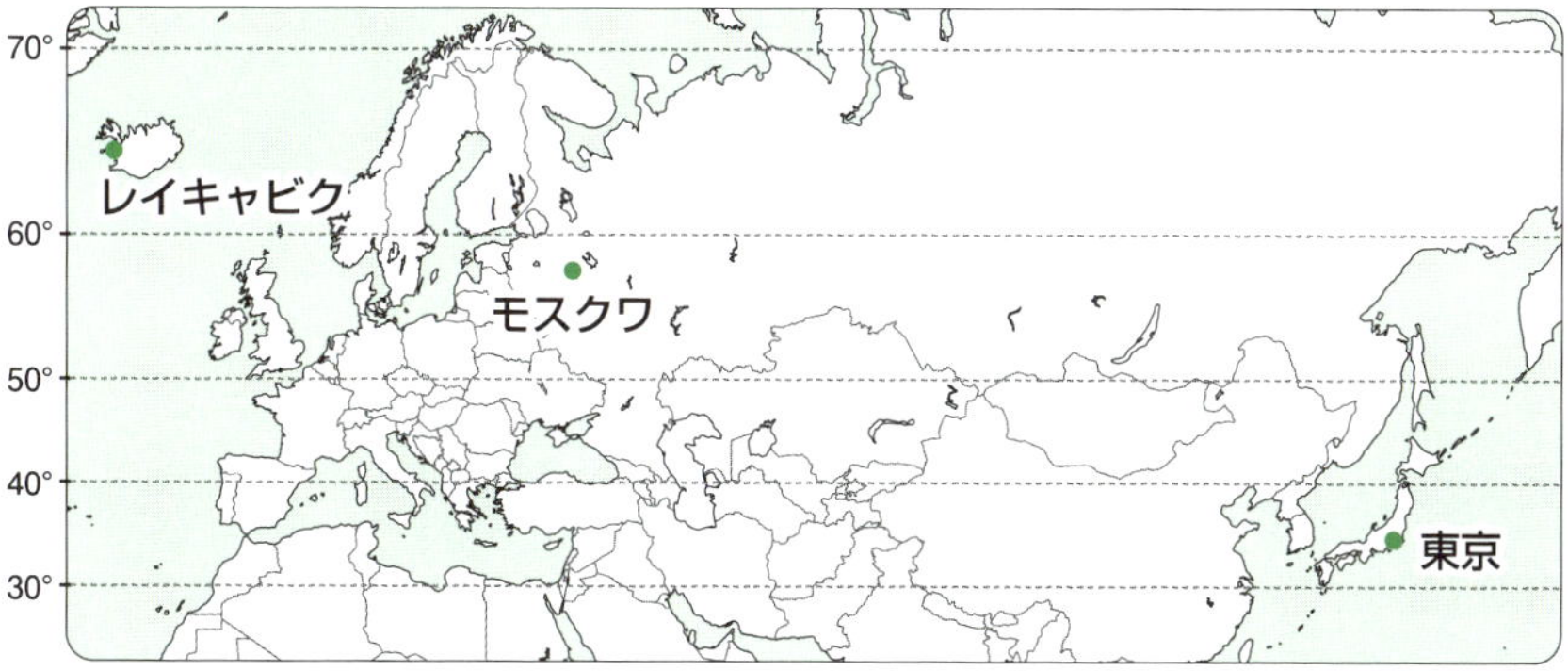

夏至の昼間は、東京が14時間35分ですが、モスクワでは17時間34分、アイスランドの首都レイキャビクでは22時間00分（！）となります。アイスランドの場合、夜０時18分に日没、２時間後の深夜２時18分に日の出を迎えますが、太陽が没している２時間も薄明かりが続きます。これが「白夜《びゃくや》（white nights）」です。（以上は北半球での話です。南半球ではこれが真逆となり、北半球の夏至は南半球の冬至、南北の方角も逆となります）

夏至は真夏、冬至は真冬の到来を予告

冬至から夏至までの中間に春分（3月20日前後）、夏至から冬至までの中間に秋分（9月20日前後）があります。この冬至・春分・夏至・秋分の日を確定することがカレンダーの始まりです。

人類は数十万年にわたって狩猟採集の暮らしを続けてきました。農業を始めたのは最後の1万年間に過ぎません。移動をしながら木の実や野生動物を食べていた人類にとって、冬は常に飢餓と隣り合わせでした。太陽の位置と季節の変化との関係については、現代人が想像もつかないほど敏感だったに違いありません。

太陽の高度（＝昼間の長さ）と、気温の変化が1カ月ほどズレるのを、わたしたちは体感的に知っています。6月後半の夏至の前後はそれほどではありませんが、7月後半には猛暑になります。このズレは、地球の大気と海水が温まりにくく冷めにくい性質を持っているため生じるのです。

したがって太陽の位置は、1カ月後の気温を知るためのバロメーターとなります。夏至は真夏の到来を、冬至は真冬の到来を予告するのです。

石器時代人は、人類の生殺与奪の権を握る太陽を神格化し、季節の変化を太陽神の一生になぞらえました。前年の太陽が衰えて秋となり、やがて死んで冬を迎える。冬至の日に新しい太陽が生まれ、半年かけて成長し、夏至の日にその生命力の頂点を迎える——。

太陽の運行を知るために、彼らは日時計を考案しました。地面に棒を立て、その影が最も長くなる日が冬至、最も短くなる日が夏至となります。

やがて木の棒が大きな石となり、冬至・春分・夏至・秋分の日の影を示す場所に別の石を置けば、天文台を兼ねた太陽神殿が完成します。

人類は、文字を知るはるか以前から、この種の日時計を中心とした巨石記念物を作ってきました。これらの遺跡は環状に石が並んでいる（環状列石）ことから「ストーンサークル」と呼ばれます。写真5

日本のストーンサークル　大湯《おおゆ》の環状列石 写真5

秋田県北東部、十和田湖に近い鹿角《かづの》市で発見された大湯の環状列石は、縄文時代後期のストーンサークルです。大地の先端部に河原石を並べた東西２つのサークルが作られ、それぞれの直径は40メートルほど、二重のサークルの間には、自然石の石柱で作られた日時計のようなものもあります。建造年代は前2000年頃、縄文時代後期 年表2 です

大湯の環状列石
左が万座遺跡、右が野中堂遺跡。JOMON ARCHIVES（縄文遺跡群世界遺産保存活用協議会撮影）提供

東日本の縄文遺跡は、祭りの場である広場を中心に、墓地・集落・貝塚（ゴミ捨て場）が同心円状に配置される環状集落が特徴です。環状集落の専門家である國學院大学の谷口康浩教授は、大湯環状列石も最初は環状集落から始まり、中心広場が大規模化したものであろうと推測しています（谷口康浩『環状集落と縄文社会構造』學生社 2005）。実際、ストーンサークルを囲むように墓地と住居跡が発見されています。万座遺跡では掘立柱建物の一部が復元されています

大湯環状列石・野中堂遺跡の日時計（著者撮影）

■大湯環状列石の配置（著者作図）

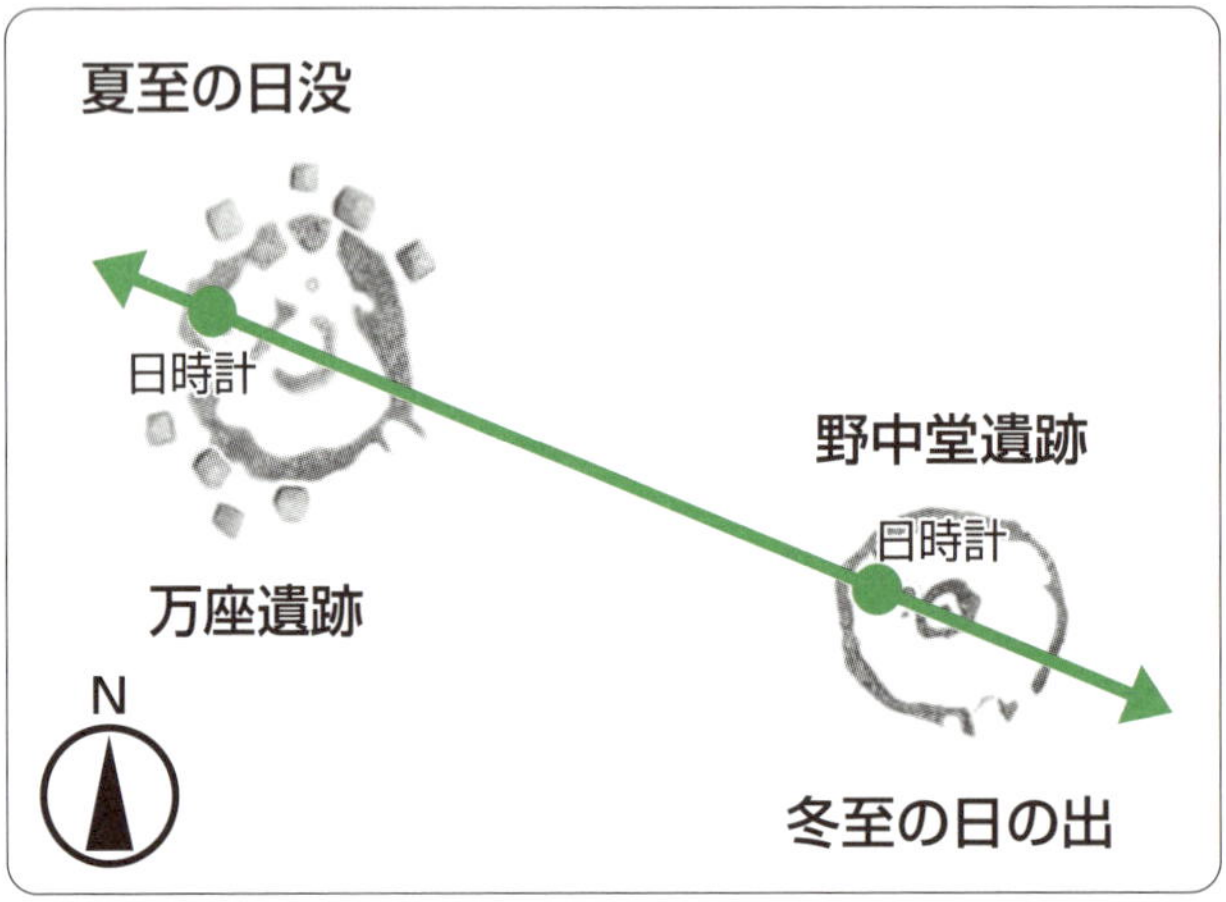

西の万座遺跡、東の野中堂遺跡の２つのサークルの中心点を直線で結ぶと、夏至・冬至ラインになっています。夏至の夕暮れに野中堂遺跡に立つと、万座遺跡の方向へ太陽が沈むように設計されているのです。逆に冬至の日には、野中堂遺跡の方向から太陽が昇ります。それぞれの「日時計」も、このライン上に作られています

■大湯環状列石のウッドサークル（復元・著者撮影）

西側の万座サークルのさらに西縁には、５本柱を円形に配置した奇妙な建物跡が見つかりました。発見されたのは柱の穴だけですが、研究者によって地上部分が復元されています。東側に開口部があり、西を拝むようになっていることから、日没を拝するための施設と推測されます。このような建築物はウッドサークルと呼ばれ、石川県の真脇《まわき》遺跡（10本柱）およびチカモリ遺跡（23本柱）、新潟県の寺地《てらじ》遺跡（４本柱）など北陸・東北の日本海側に分布しています。イギリスのストーンヘンジも、巨石が立つ前は、このようなウッドサークルだったことがわかっています（後述）

大湯環状列石から50キロほど北上したところにそびえる岩木山を西南に望む位置にも、縄文時代のストーンサークルが発見されています。大森勝山遺跡です。写真6　大きさは大湯環状列石とほぼ同じ。大湯よりあとの縄文晩期初頭（前１０００年頃～年表3）に作られました。

２０００年代に弘前市教育委員会が行った発掘調査で遺跡の建設過程が明らかになりました。縄文人は舌状《ぜつじょう》台地を平らに削って整地したあと、長径48メートルの円形に石を並べました。その西側で発見された直径10メートルほどの大型竪穴住居は、建設作業や祭りの際に寝泊まりできる集会所のようなものでしょう。ストーンサークルの中心と集会所を結ぶ線の先には岩木山が大きく見えます。この方向は、夏至の日に太陽が沈む方角になっているのです。東北の短い夏を象徴する夏至の祭りを行い、太陽神に感謝を捧げる儀式を行っていた場所が、これらのストーンサークル、ウッドサークルだったといえるでしょう。写真7

■大森勝山遺跡　写真6

岩木山と大森勝山遺跡との位置関係
（JOMON ARCHIVES〈縄文遺跡群世界遺産保存活用協議会撮影〉提供のものを加工して作成）

大森勝山遺跡全景
（JOMONARCHIVES〈縄文遺跡群世界遺産保存活用協議会撮影〉提供のものを加工して作成）

有力神社の配置には壮大な構想があった

縄文人は、はじめは巨木、巨石を神として崇め、しめ縄を巻いて祀っていたのでしょう。次の段階では丸太や石を並べて太陽崇拝の祭壇とし、ウッドサークルやストーンサークルを建設しました。

聖なる場所の入り口を示す2本の柱は、やがて横木がついて鳥居となり、仏教伝来にともなって寺院建築に影響されて、木造の拝殿・社殿が建設されました。こうして神社が完成します。

神社の多くは南面し――参拝者は北を向いて参拝します。しかし、古い神社には東面するものも多く、朝日が参道を通ってまっすぐ社殿を照らす構造になっています。

東日本最古の神社である茨城県の鹿島《かしま》神宮。江戸時代初期に建てられた現在の拝殿・本殿は北面していますが、二の鳥居から見た参道と奥宮の方角は60度、すなわち夏至の日の出の方向を指し示しています(東北大学の田中英道名誉教授のご教示による)。これは鹿島神宮の社殿が建てられる前の、太陽信仰の名残なのかもしれません。

兵庫県淡路《あわじ》島で「国生みの神」を祀る伊弉諾《いざなぎ》神宮の本名孝至《ほんみょうたかし》宮司は、同神宮を通る放射線状に、重要な神社が並んでいることを突き止めました。

●皇大神宮(伊勢神宮の内宮《ないぐう》)→伊弉諾神宮→対馬の海神《わたつみ》《かいじん》神社=緯度線(春分・秋分ライン)

●長野の諏訪大社→伊弉諾神宮→宮崎の高千穂神社=夏至の日の出・冬至の日没ライン

●熊野那智大社→伊弉諾神宮→島根の出雲大社《いずものおおやしろ》=冬至の日の出・夏至の日没ライン 図3

(『伊勢、出雲、諏訪、高千穂、熊野…神々つなぐ「陽のみちしるべ」のナゾ 淡路島の伊弉諾神宮』2016・11・29 産経WEST https://www.sankei.com/article/20161129-EUMUZYRD5NN2JIHSLAMXIW67NQ/)

偶然というにはあまりにも奇妙な一致。むしろはじめから、有力神社の配置には壮大な構想があったし、それを可能にする古代の測量技術があったと考える方が、自然ではないでしょうか。

■神社の太陽ネットワーク
（著者作図。原図は淡路島・伊弉諾神宮境内の石碑「陽の道しるべ」）

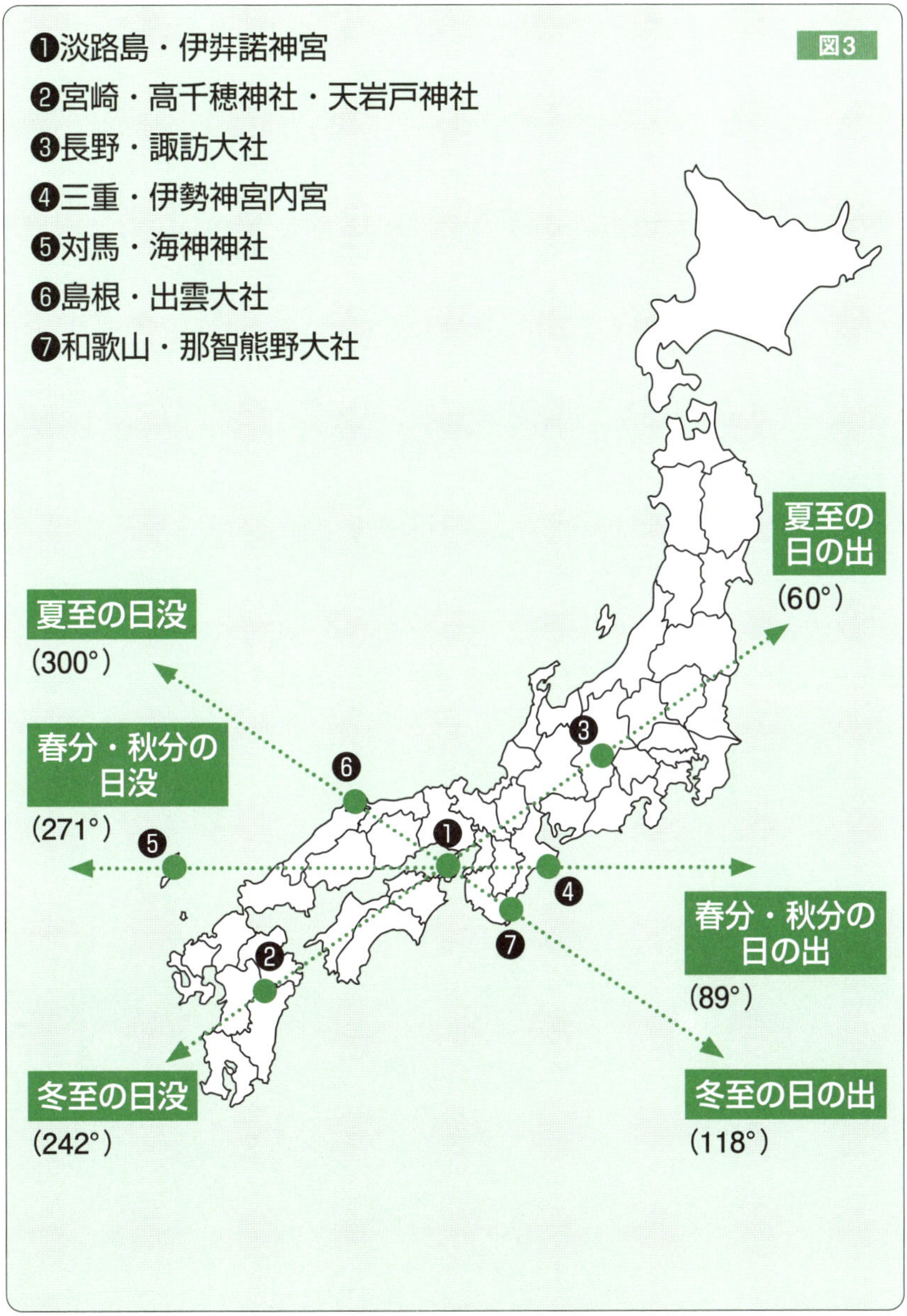

縄文時代最大の遺跡として有名な青森県の三内丸山《さんないまるやま》遺跡は、大湯環状列石より2000年ほどさかのぼる前6000年頃から、数千年にわたって生活が営まれてきた場所です。年表1

村はずれで発見された六カ所の巨大な柱穴（幅2メートル×深さ4メートル）の中からは、直径1メートルのクリの巨木が出土して研究者を驚かせました。単純な竪穴住居しか作れなかったと思われていた縄文人が、巨大な丸太柱を立てる技術を持っていたことが明らかになったからです。

現在、この六本柱の構造物は物見櫓《ものみやぐら》の形で復元されていますが、遺跡から出てきたのは柱穴と丸太の一部だけで上部構造は残っていません。それを見た現代の研究者が、「物見櫓ではないか？」という仮説を立てて、復元したのです。写真8

この六本柱建築も集落の西の縁にあり日没を拝する形です。青森県埋蔵文化財調査センターの研究者・大田原潤氏は、六本柱建築は太陽の運航と関係するという学説を提示しています。図4

■三内丸山遺跡の大型竪穴住居と六本柱建築（著者撮影） 写真8

■大田原潤氏の学説

❶三本柱を延長すると、西は冬至の日没を指す
❷四本柱の対角線を延長すると、西は夏至の日没を示す
❸六本柱の対角線を延長すると、西は春分・秋分の日没を示す

（大田原潤「三内丸山遺跡の大形木柱列と二至二分」『縄文ランドスケープ』小林達雄編著　アム・プロモーション　2005年所収）

もしかしたら、これもウッドサークルの一種であり、むき出しの円柱が６本立っているだけだったのかもしれません。太陽観測の施設としては、その方がふさわしい気がします

図4

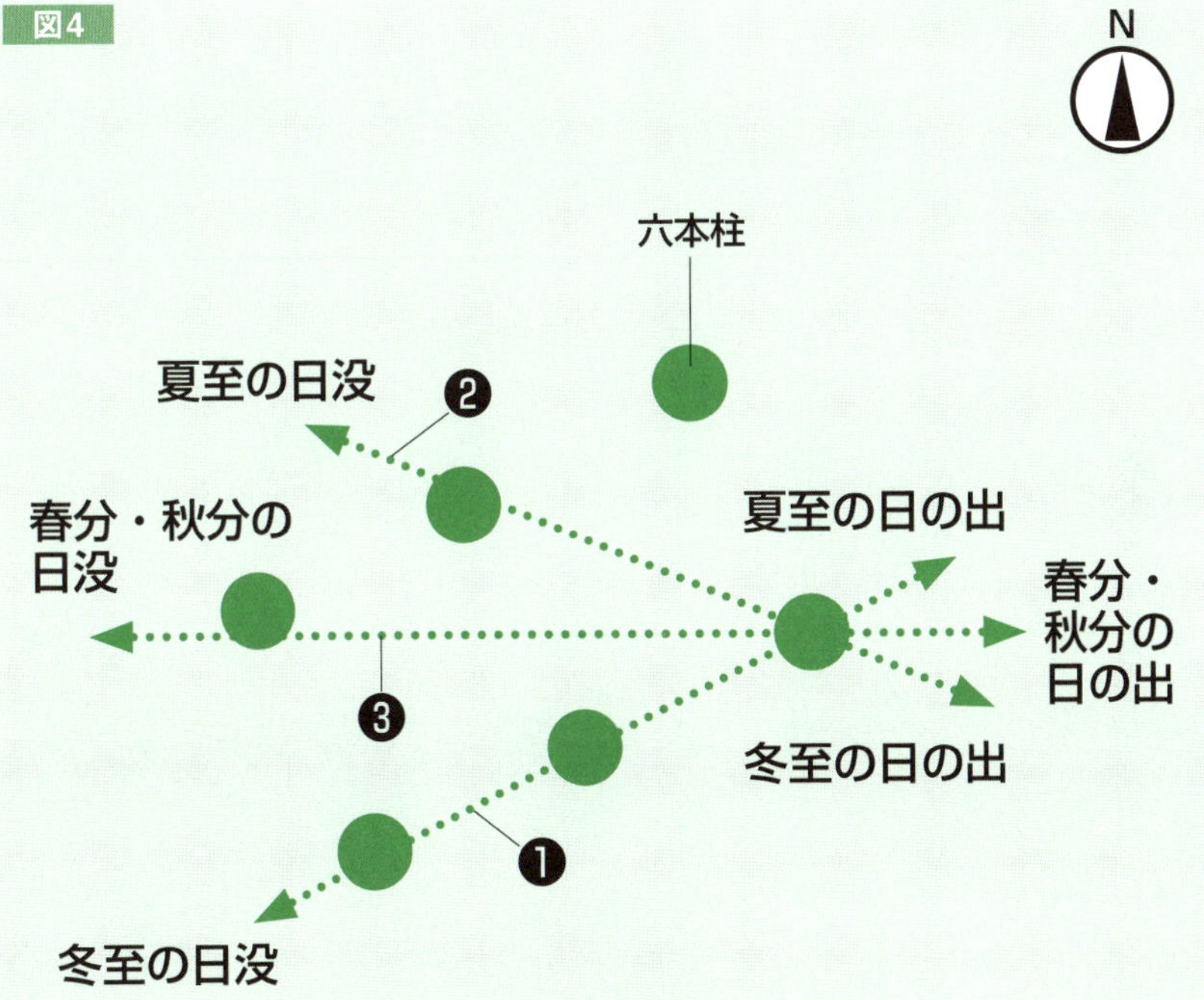

ストーンヘンジは正体不明の先住民が作った

三内丸山よりはるかに古いイギリスの巨石記念物ストーンヘンジも、はじめは木の柱が立つ神殿でした。

ストーンヘンジの北東3・2キロにある「ウッドヘンジ」という遺跡では、林立する木柱の柱穴が発見され、復元されています。写真9

ロンドンの西200キロ、クランベリーの草原に立つ謎めいたストーンヘンジは、古くから人々の想像力をかき立ててきました。

たとえば、イギリス版『古事記』ともいうべき『ブリタニア列王史』という文学作品があります。英語を話すアングロ・サクソン人が侵入する以前の、イギリスの先住民ブリトン人（ケルト人）の神話や伝説を、作者のジェフリー・オブ・モンマスがまとめたものです。

ブリトン人はフランス西部のブルターニュ半島にも住んでおり、このブルターニュ地方（小ブリテン）と区別するため、英国の正式国名が「グレートブリテン」になったわけです。

このブリトン人の英雄として登場するのが有名なアーサー王です。王の庶子として生まれ、臣下に預けられて成長した彼は、真の王者だけが手にするという聖剣エクスカリバーを岩から引き抜いたことで王と認められ、サクソン人やローマ帝国との戦いで大活躍をする、という物語です。

物語の影の主役として、アーサー王を支える魔術師マーリンが登場します。精霊の子として生まれたマーリンは、さまざまな予言や魔術を行って歴代のブリタニア王に仕えました。キリスト教以前の多神教（ドルイド教）の神官のイメージです。

アーサーの父王に仕えていた魔術師マーリンが巨人を動かし、巨石を組み立ててストーンヘンジを建設した、王たちはその下に葬られた、という有名な伝説が出てきます。資料2

これが広まった結果、「ストーンヘンジ＝ドルイド教の神殿」説が長く信じられてきました。ケル

■ウィルトシャーにあるウッドヘンジ(復元) 写真9

■巨人を使ってストーンヘンジを建設する魔術師マーリン(左) (著者作図) 資料2

ト人がイギリスに渡ったのは前７００年頃なので、ストーンヘンジの歴史はそれ以降と考えられてきたのです。

ところが考古学調査の結果、ストーンヘンジの歴史は数千年前にさかのぼることが明らかになりました。ケルト人以前の、正体不明の先住民が作ったものだったのです。

ストーンヘンジ最初の遺跡は紀元前８０００年頃 年表17、東西方向に並んだ４つの柱穴という形で出現しました。ここには木の柱が立っていたようで、三内丸山遺跡の六本柱を思い出します。

前３１００年頃、直径約１００メートルのサークル状の土塁が造られ（大湯環状列石の倍以上の大きさ）、内側に沿って直径1メートルほどの竪穴（Aubrey Holes　発見者の名前）が56個掘られました。年表18

56を2で割ると28。月の満ち欠けの周期（29・5日）とほぼ同じですので、この穴は太陰暦（月の暦）の1カ月を表すカレンダーだった可能性があります。

穴からは人骨がまとめて出土することから、公共墓地の機能も果たしていたようです。

北東部には参道が設けられ、南北2対の小墳丘と、2対の石柱（Station Stone駅馬車の目印と似ているため）が置かれました。図5

前２０００年までに、中心部に直径33メートルのサークル状の神域に巨石群が出現します。年表19

３個の巨石を「門」字形に組み合わせた構造物が5セット立ち、周囲をぐるっと囲みます。

それぞれの巨石は長さ7メートル、重さ20トン以上。砂岩を四角柱に形成し、ほぞとほぞ穴を施してから組み立てたものです。

この巨石に囲まれた中心部分に「祭壇石」があります。図6

■石柱が立つ以前のストーンヘンジ（著者作図） 図5

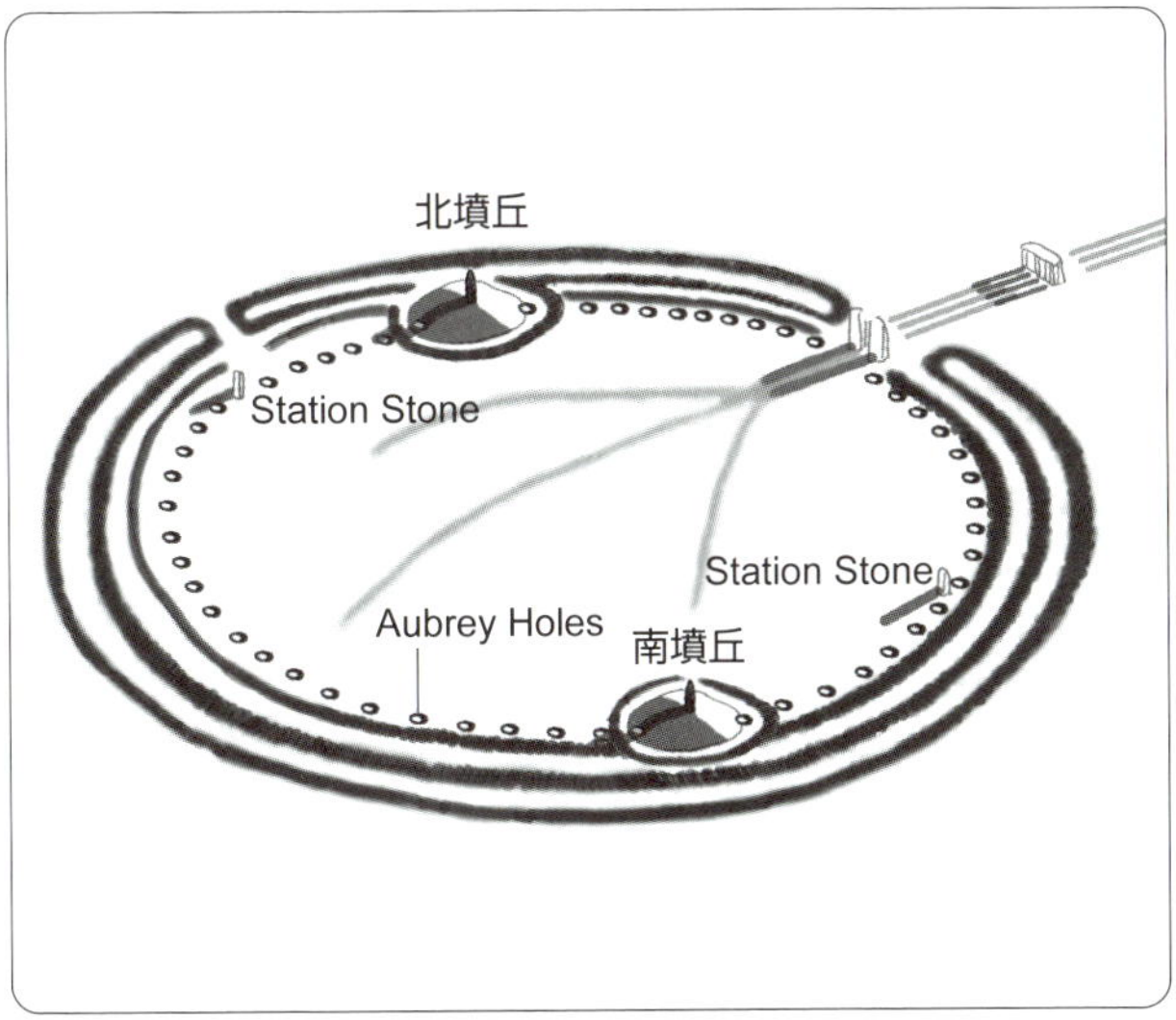

原図はhttp://www.ancient-wisdom.com/england stonehenge.htm

■石柱が立ったストーンヘンジ（著者作図） 図6

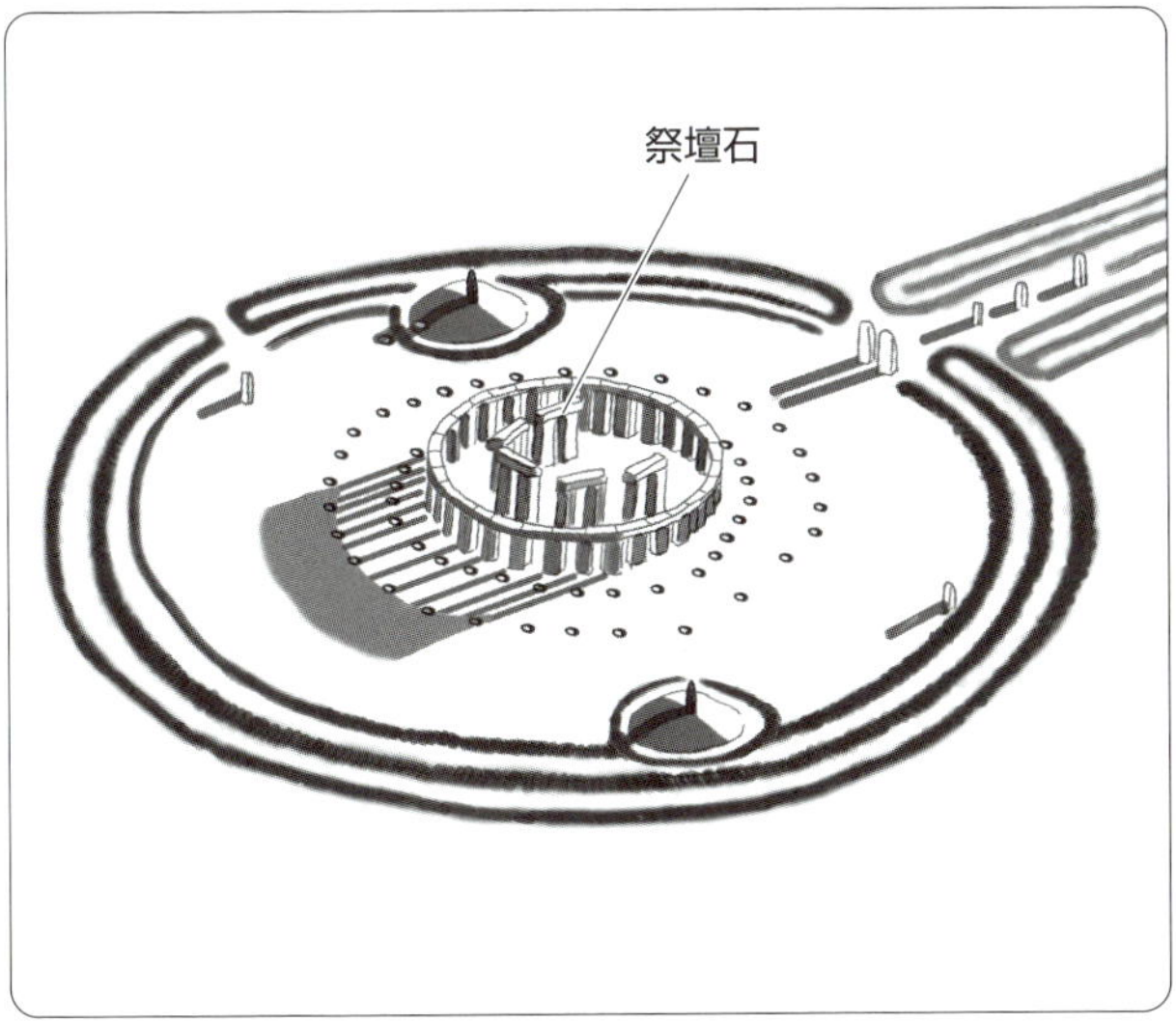

原図はhttp://www.ancient-wisdom.com/england stonehenge.htm

イギリス生まれの天文考古学者ジェラルド・ホーキンズは、それまで単なる墓と考えられてきたストーンヘンジが、実は古代の天文台だったという仮説を発表しました（『ストーンヘンジの謎は解かれた』竹内均訳　新潮選書　1983）。

北東方向に付けられた参道を延長すると、夏至の日の出と冬至の日没の方向に合致しています。

夏至の日の夜明けには、参道から巨石群へとまっすぐ朝日が差し込み、冬至の日没時には、巨石群の中に夕日が沈むのです。

この参道＝夏至・冬至ラインと直交する形で、南北の墳丘と石柱（station stone）が作る長方形があります。

その対角線は冬（11月～2月）の日の出方向と夏（5月～8月）の日没方向を示し、長辺は最南の月の出方向と最北の月没方向を示しています。ストーンヘンジはまさに「先史時代の天文台」だったのです。図7　写真10

■ストーンヘンジの巨石配置（著者作図）　図7

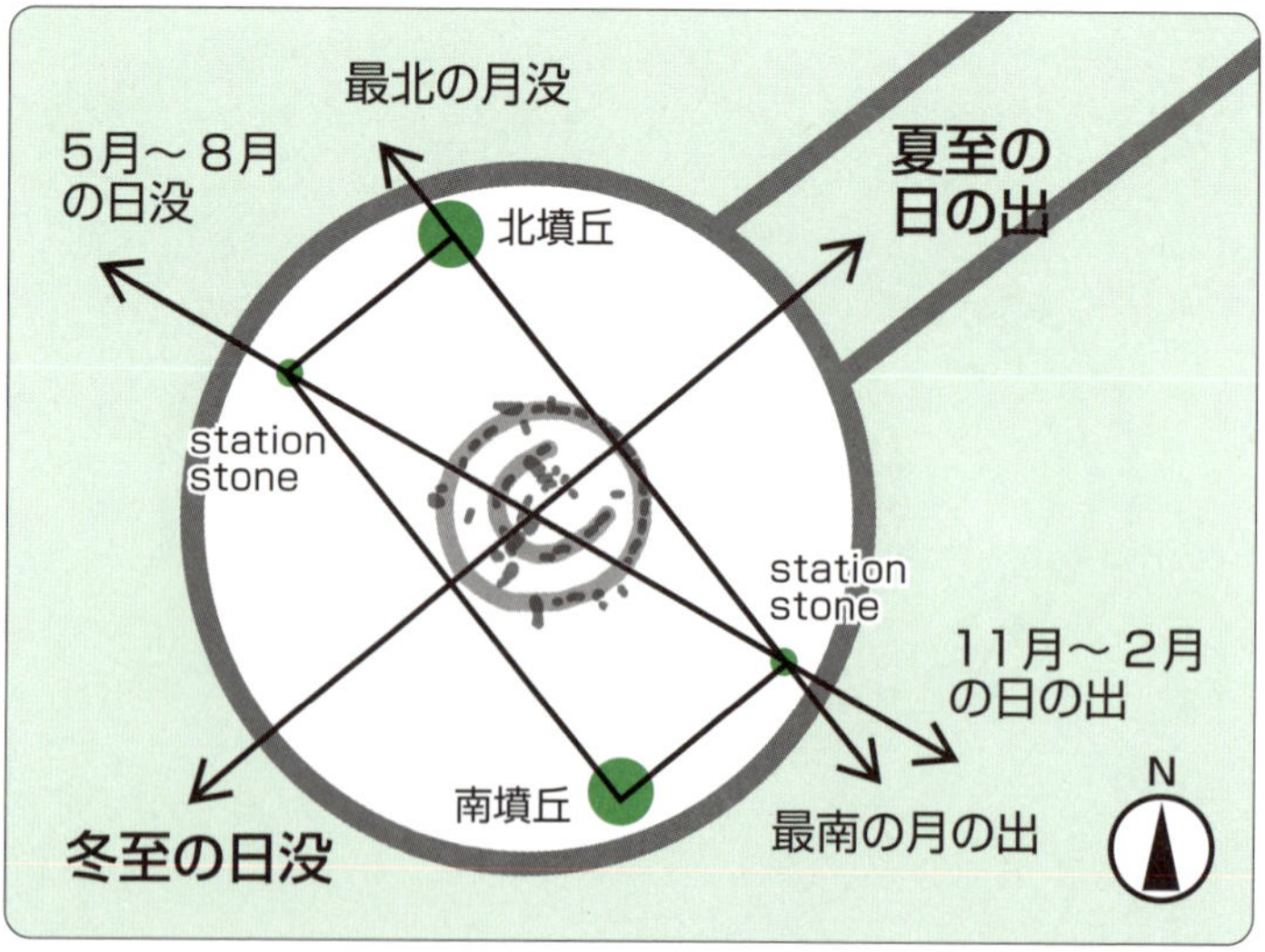

原図はhttp://www.ancient-wisdom.com/england stonehenge.htm

写真10

ストーンヘンジ中心部の石柱

参道方面から見たストーンヘンジ

スフィンクスとピラミッドの建設意図

エジプト学の定説によれば、ナイル川の西に広がるギザ台地に三大ピラミッドが建造されたのは前2500年前後の古王国第四王朝時代。ストーンヘンジが建設された時代と重なります。年表16

最大のクフ王のピラミッドに続いて2番目のカフラー王のピラミッドが建設されますが、その前に狛犬のようにうずくまる人頭獣体の巨像が、有名なスフィンクスです。写真11

スフィンクス像はカフラー王のピラミッドだけに付随しているもので、他に類例を見ません。その意味についても同時代のエジプト人は記録を残していないのです。

しかし、スフィンクスと2つのピラミッドとの位置関係から、建設の意図を読み解くことはできます。

メンカウラー王の第三ピラミッドがまだ建設されていない時代、ギザ台地には2つのピラミッドがそそり立っていました。

夏至の日の夕刻、スフィンクス前に立つと、2つのピラミッドのちょうど中間に夕日が沈みます。写真12

また、冬至の朝にスフィンクス前に立つと、太陽はナイル川の対岸にあるヘリオポリスの方向から昇ってきます。ヘリオポリスはエジプトの太陽神ラーを祀る神殿の所在地です。

現在は、カフラー王ピラミッドの頭頂部だけに帽子のように残っている石灰岩の化粧板は、もともとピラミッドの全面を覆っていました。朝日を受けたピラミッドは、キラキラ輝いていたのです。

ギザの三大ピラミッドについては、星座との関係も重要になってきますので、次節でまた言及しましょう。

■カフラー王のピラミッドとスフィンクス

写真11

写真12

クフ王のピラミッド（右）とカフラー王のピラミッドの中間、スフィンクスの背後に夏至の太陽は沈む。冬至の朝にスフィンクス前に立つと、太陽はナイル川の対岸にあるヘリオポリスの方向から昇ってきます

1990年代には、ストーンヘンジよりはるか前に作られた太陽神殿の遺跡が、トルコのシリア国境で発見されました。地元でギョベクリ・テペ（太鼓腹の丘）と呼ばれていたその神殿遺跡写真13は、最終氷期末期の紀元前1万年〜前8000年年表12までに作られたという驚くべき結果が放射性炭素年代測定で明らかになりました。

考古学の常識では、西アジアで農耕が始まったのは前9000年頃年表13とされ、ギョベクリ・テペ神殿はそれ以前の狩猟採集民が作った世界最古の宗教施設です。エジプトの三大ピラミッドより6000年古い巨大石造物自体が考古学上の大発見でしたが、さらにその遺跡の複雑な構造は「石器時代」のイメージを覆すものでした。長さ数メートル、重さ数十トン、T字型に成形された石灰岩の巨石。写真14金属器を知らなかった時代に石器だけでこれを切り出したのでしょうか。

向き合う石柱を中心とするサークル構造は、ストーンヘンジとよく似ています。2枚の石板に挟まれた中心線が夏至の日の出を指すものもありますが必ずしも一定していません。また、少なくとも3つのサークルはその中心点を結ぶと正三角形になっており、その一角は北北西を指し示していますが、これが何を意味するのかもわかりません。

いずれにせよ、これだけの大土木事業を成し遂げるには、数百人の人々を計画的に動員する必要があり、権力の存在を暗示します。国家権力が前3000年前のエジプト文明年表14とメソポタミア文明年表15に始まったという歴史学の「常識」は、この遺跡の発見によって揺らいでいるのです。

前8000年頃、ギョベクリ・テペ神殿は放棄され、意図的に土砂で埋められました。何らかの宗教的な異変が起こり、古い聖域が捨てられたものと考えられます。この頃、遠くイギリス南部ではストーンヘンジの建設が始まっています。

巨石建造物は、その多くが太陽崇拝と関係するものであることがわかりました。太陽への畏敬の念は、あらゆる宗教の起源かもしれません。

写真13

■ギョベクリ・テペ神殿

ドイツの考古学者クラウス・シュミットが率いる調査チームによって1995年から発掘調査が始まりました。T字型に成形された石灰岩の巨石が200本以上、それらが数本ずつサークルを描くように並べられサークルの数は20に及びます

写真14

■キツネの浮き彫りのあるT字石柱

T字石柱の中には手やベルトが描かれているものもあり、これ自体が人間(神？)をかたどっているという解釈もあります。このような造形は、南米ボリビアのティワナク遺跡の石像や、南太平洋イースター島のモアイ像ともよく似ており、非常に興味をそそられます

2 太陽暦とヒライアカル・ライジング

昼の太陽も、夜空の恒星も、強烈な熱と光を発する水素ガスの天体であることを現代人は知っています。夜空の恒星は地球からあまりに遠いため、小さな光の点にしか見えないのです。

夜空で3番目に明るい恒星は、ケンタウルス座アルファ星（マイナス0・1等級）です。資料3

残念ながら沖縄以南に行かないとケンタウルス座は見えません。南十字星を見つけ、その横軸を左に3・5倍ほど延長したところにある明るい星が、ケンタウルス座アルファ星です。肉眼では1つの星に見えますが、望遠鏡で見ると2つの恒星A星とB星が互いに周回する連星であることがわかります。この地球からの距離は4・3光年（光の速度で4・3年かかる距離）です。

20世紀になってもう1つの恒星が発見され、三重連星であることがわかりました。プロキシマ（「隣の」）・ケンタウリと名付けられたこの恒星には3つの惑星が周回しています。資料4 その1つはひとまわり大きく、プロキシマからの距離も、太陽・地球間の距離に近いため生命が存在する可能性を秘めています。

2番目に明るい恒星は、りゅうこつ座アルファ星のカノープスです（マイナス0・7等級）。P37資料5

天気と見晴らしが良ければ、東京からも南の地平線ギリギリに見ることができます。地球からの距離は310光年もありますが、太陽の約8倍もの質量をもつ巨星なので、地球からも明るく輝い

星の等級

肉眼で見える恒星を明るい順に1等星から6等星まで区分したもので、マイナスがつくと1等星以上に明るいという意味になります。現代の天文学では、天球を星座によって区分けし、その中にある恒星を明るさの順にギリシア文字のアルファベット、α、β、γ……と名付けます。ケンタウルス座アルファ星は、ケンタウルス座で最も明るい星、という意味になります

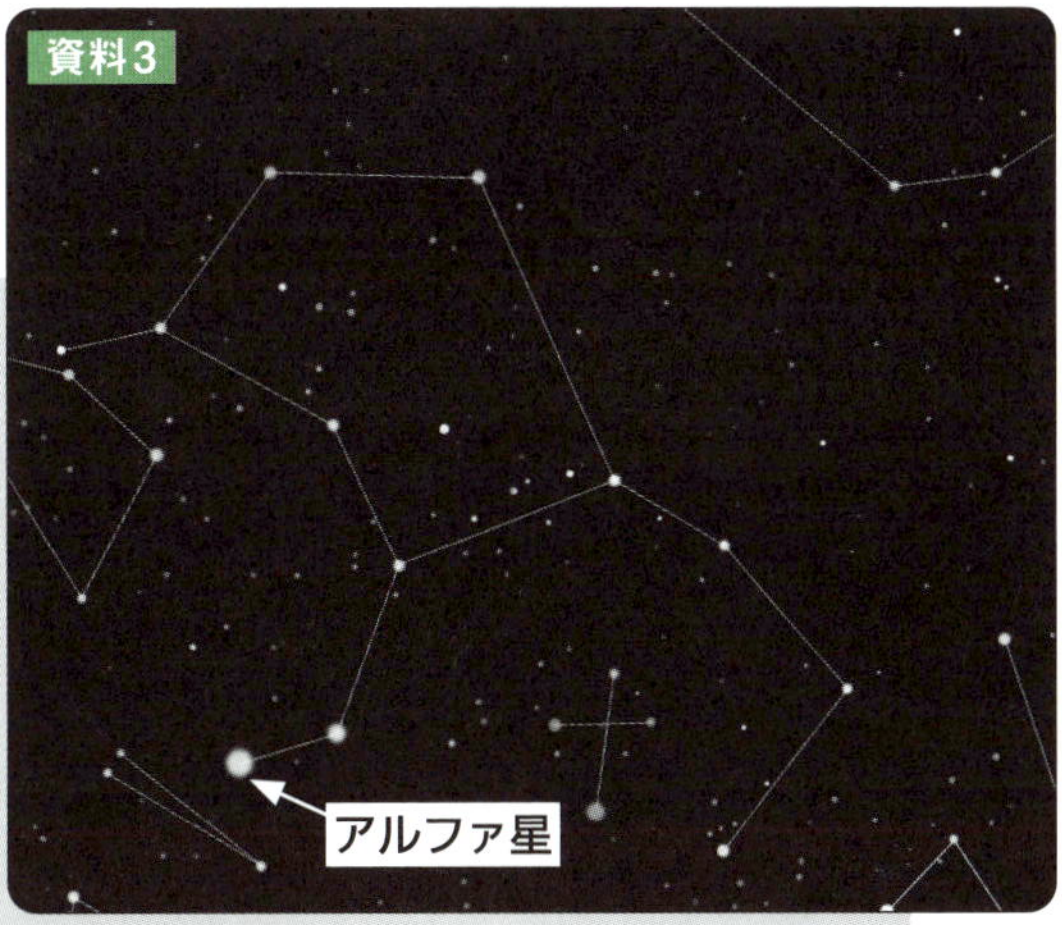

ケンタウルス座アルファ星

肉眼では1つの星に見えますが、望遠鏡で見ると2つの恒星A星とB星が、互いに周回している連星であることがわかります。地球からの距離は4.3光年（光の速度で4.3年かかる距離）、これが太陽から一番近い「お隣さん」なのです

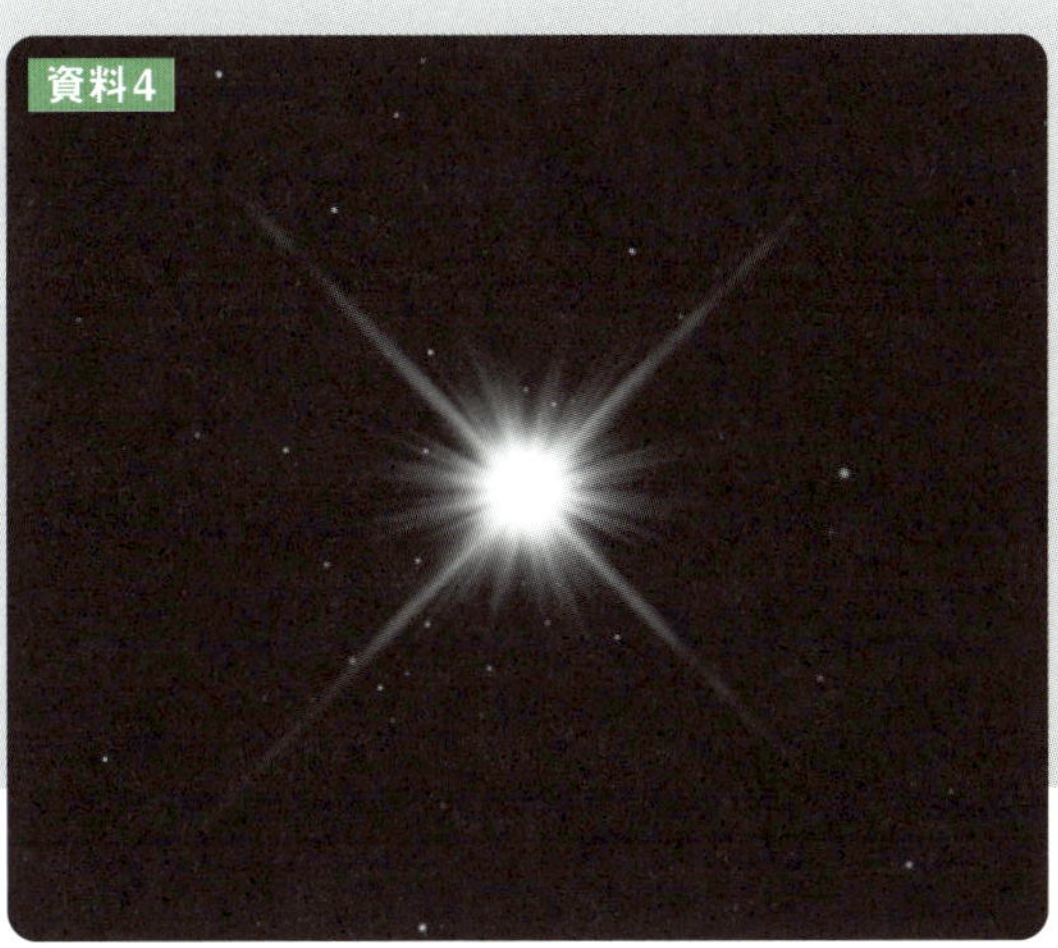

プロキシマ・ケンタウリ

この恒星には3つの惑星が周回しています。その1つはひとまわり大きくプロキシマからの距離も、太陽・地球間の距離に近いため生命が存在する可能性を秘めており、将来の恒星間航行計画の候補地ともなっています

プロキシマ・ケンタウリを描いた小説『三体』

中国人ＳＦ作家の劉慈欣《りゅうじきん》が発表したベストセラー『三体』（立原透耶監修　大森望ほか訳　早川書房　2019）は、プロキシマ・ケンタウリの惑星に住む知的生命体と人類との接触を描いた傑作です。タイトルの「三体」とは、この惑星に昇る3つの太陽のことを意味していますて見えるのです。

全天で最も明るい恒星は、日本からもよく見えるおおいぬ座アルファ星のシリウスです（マイナス1・4等級）。

冬、南の空に見える青白い星で、その名を知らなくても多くの人が目にしたことがあるはずです。地球からの距離は8・6光年で7番目に近く、ケンタウルス座アルファ星の約2倍です。やはりA星・B星の二重連星ですが、B星は暗くて肉眼では見えません。今のところ惑星も発見されていないようです。

シリウスの探し方は簡単です。冬、南の空を見るとオリオン座の三つ星が見えます。これを左の下方へ約8倍延長したところにある、青白い星がシリウスです。

古代ギリシア人は、三つ星を狩人オリオンのベルトに見立ててオリオン座を、彼が連れている猟犬の姿をおおいぬ座として夜空に描きました。おおいぬ座の頭に当たる星がシリウスなので、英語ではこれを犬星（Dog star）と呼ぶのです。

オリオン座の右肩（向かって左上）の赤い星がベテルギウス（オリオン座アルファ星）、これとシリウスを直線で結び、この線を1辺とする正三角形を左側に作ってください。この三角形の左下に位置する白い星がプロキオン（こいぬ座アルファ星）です。資料6
このベテルギウス・シリウス・プロキオンが作る三角形を「冬の大三角形」と呼びます。都会では無理ですが、街灯のまったくない場所に行けば、この大三角形の真ん中を横切るように天の川が見えるでしょう。天の川というのは、太陽系を含む銀河系宇宙そのもので、はるか遠くの無数の恒星たちが折り重なり、帯状に見えるのです。

りゅうこつ座アルファ星のカノープス

中国では古来、「南極老人」と呼ばれ、この星を見た者に幸福と長寿をもたらすと言い伝えられてきました

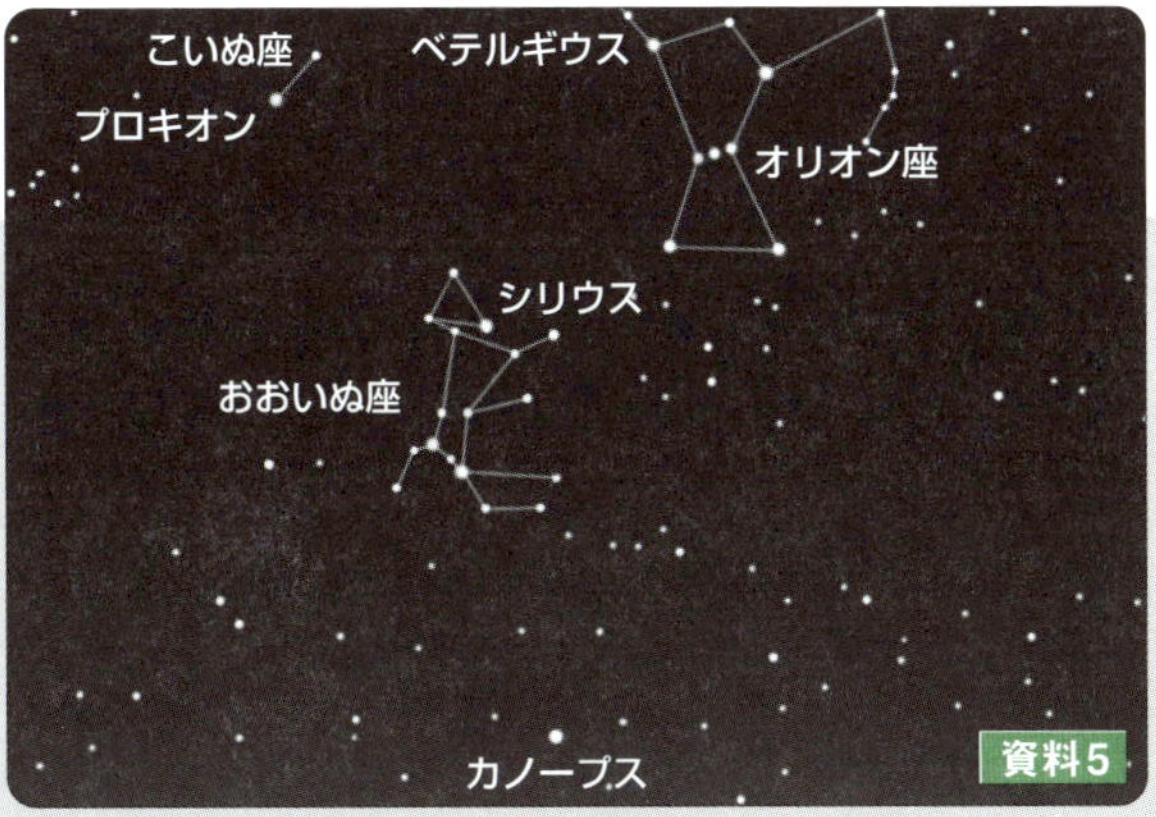

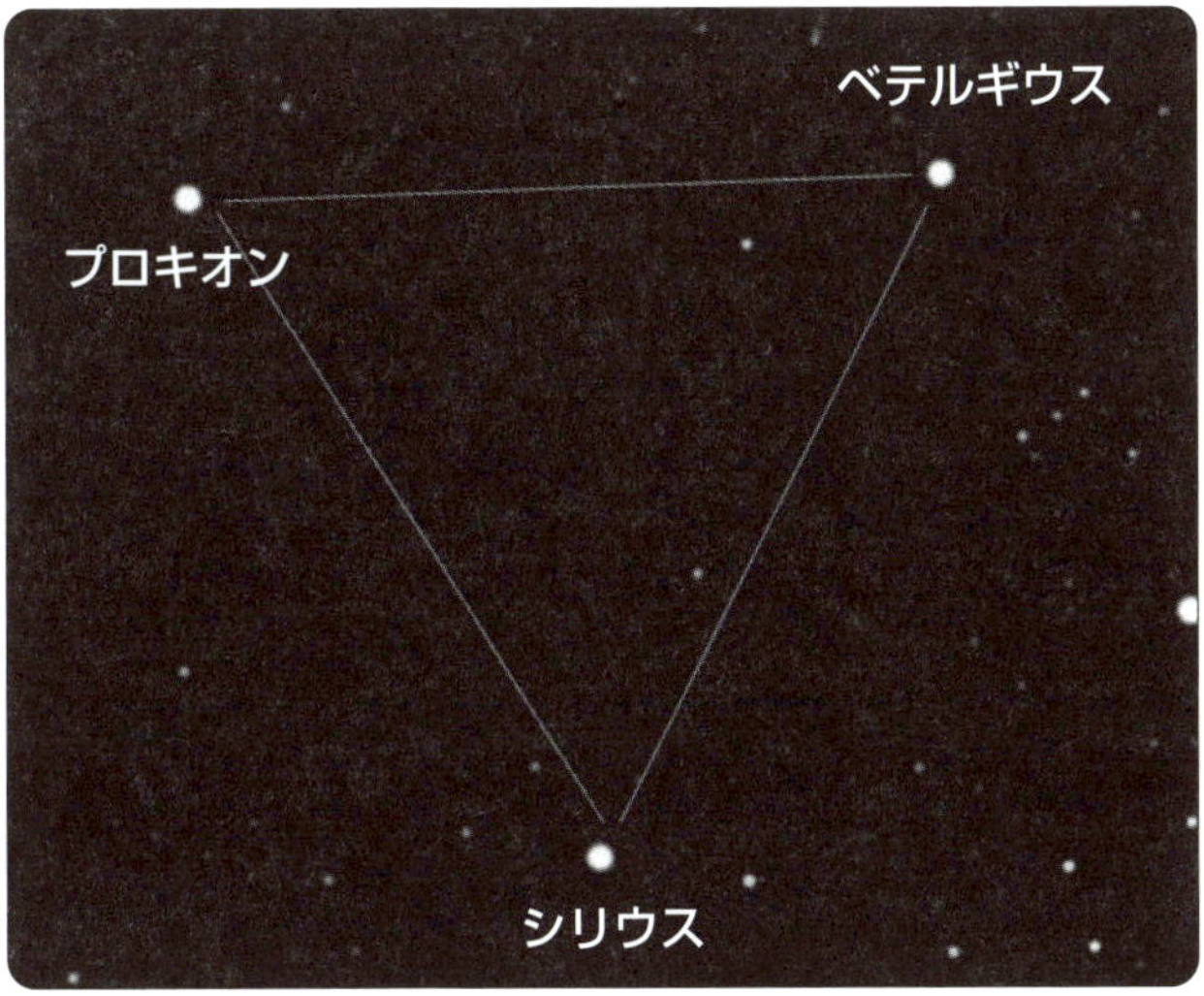

■おおいぬ座のアルファ星シリウスと冬の大三角形

ベテルギウス・シリウス・プロキオンが作る三角形を「冬の大三角形」と呼びます

■マルセル・グリオールの調査

フランス人の民族学者マルセル・グリオールは1940年代に仏領スーダン（現マリ共和国）で、ドゴン族の神話を調査。シリウスが連星で、とても小さいB星が50年周期でA星を周回していることを、ドゴン族が神話の形で語り伝えていたと発表して注目されました（『スーダン原住民の伝承によるシリウス星系』）。この神話はマリで広く流布されているものではなく、フランス人宣教師が伝えた天文学の知識が、ドゴン族の神話に混入した可能性も指摘されています。しかしこれに注目したスピリチュアル系の人たちが、「シリウス星人が地球にやってきて、この事実を伝えていたのだ」と色めきたちました

マルセル・グリオール
（1898 ～ 1956）

シリウスの女神イシスへの信仰

夜明け前、東の空に昇るシリウスは、北半球では夏、南半球では冬の訪れを告げる星として世界各地で注目されてきました。

英語で猛暑の時期をDog daysと呼ぶのは、夜明けにおおいぬ座のシリウス（Dog star）が太陽とともに昇ってくる時期だからです。日本ではあおぼし、おおぼしと呼ばれ、中国では天狼《てんろう》星。「シリウス」という名はギリシア語で「光り輝くもの」を意味するセイリオスからきています。

古代エジプト人は、シリウスをソティスと呼び、豊穣《ほうじょう》の女神イシス 資料7 の化身と考えていました。なぜならシリウスは、毎年繰り返され、エジプトに豊かな恵みをもたらすナイル川の氾濫《はんらん》の始まりを告げる星だったからです。シリウスに先立って昇ってくるオリオン座は、女神イシスの夫であるオシリス神 資料8 の化身とされました。

6月の夏至の頃の夜明け、東の空が明るくなり始める頃、サハラ砂漠にオリオン座の三つ星が昇ってきます。これを追うようにシリウスが昇ってきますが、同時に太陽が地平線に姿を現すため、その強烈な光により星々の光はかき消されます。

このように特定の天体が太陽と同時に昇る現象を、ヒライアカル・ライジング（ヘリアカル・ライジング（heliacal rising））といいます。図8 heliacalは「太陽」を意味するギリシア語「ヘリオ（hēlios）」の形容詞形です。

ナイル川の氾濫を支配する太陽神ラー 資料9 と、シリウスの女神イシスへの信仰が古代エジプト人の間で高まっていったのは、自然なことといえるでしょう。

乾季に死に絶えたエジプトの台地をうるおし、動植物を蘇《よみがえ》らせるナイルの氾濫。それをつかさどるシリウス（女神）を導くオシリス（オリオン座）は、死と再生の神、冥界《めいかい》の王として広くエジプト人から崇拝されました。

■シリウスのヒライアカル・ライジング（著者作図）

図8

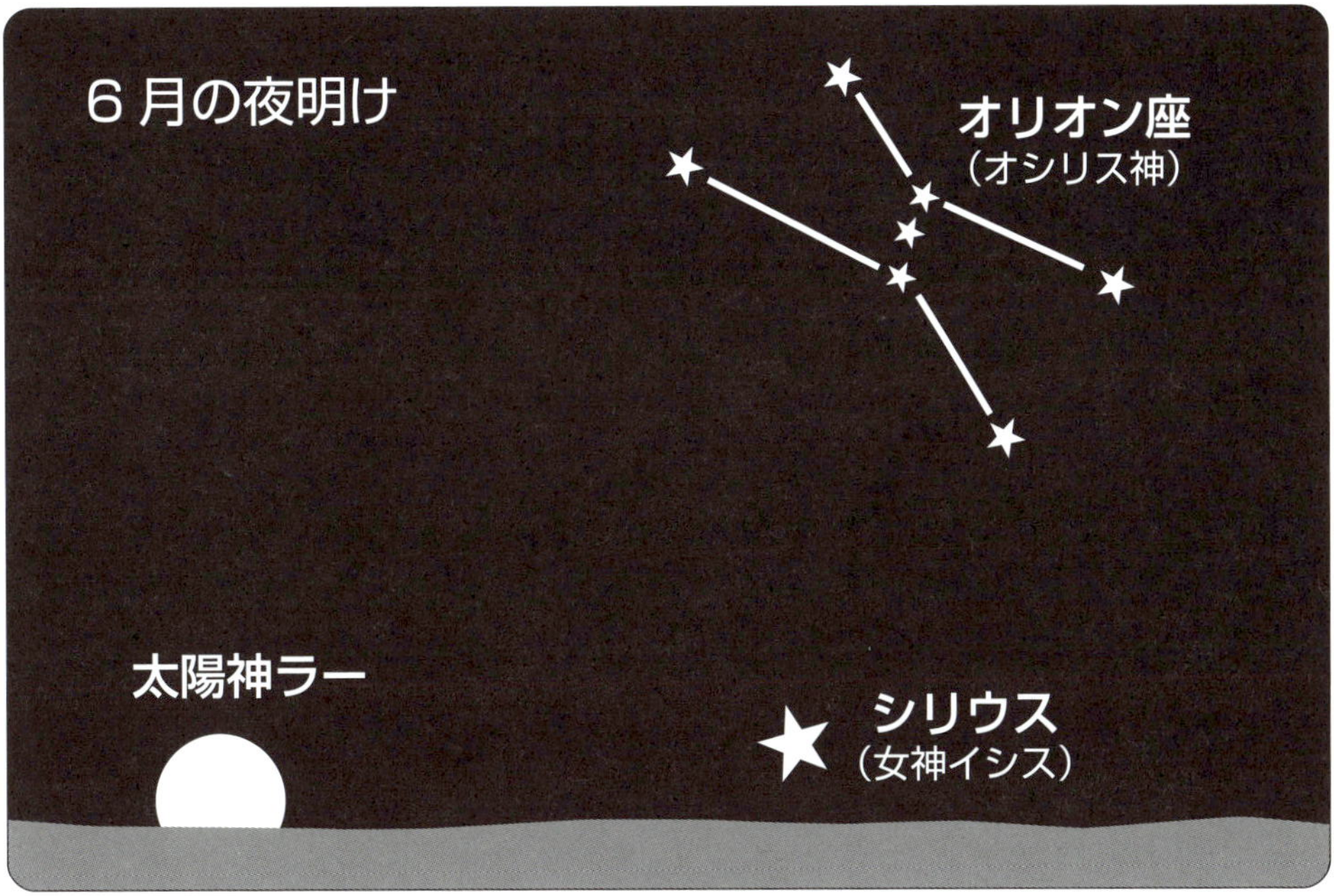

地球の公転により、地球から見て天球上の太陽の位置は日々、変化していきます。シリウスのヒライアカル・ライジングは年に1日しかありません。古代エジプト人はこの日を記録し、翌年の同じ日までの日数を計算することで、1年を365日と割り出しました。これが太陽暦の発明です。ですから太陽暦というのは、正確にいえば「太陽・シリウス暦」なのです

資料7

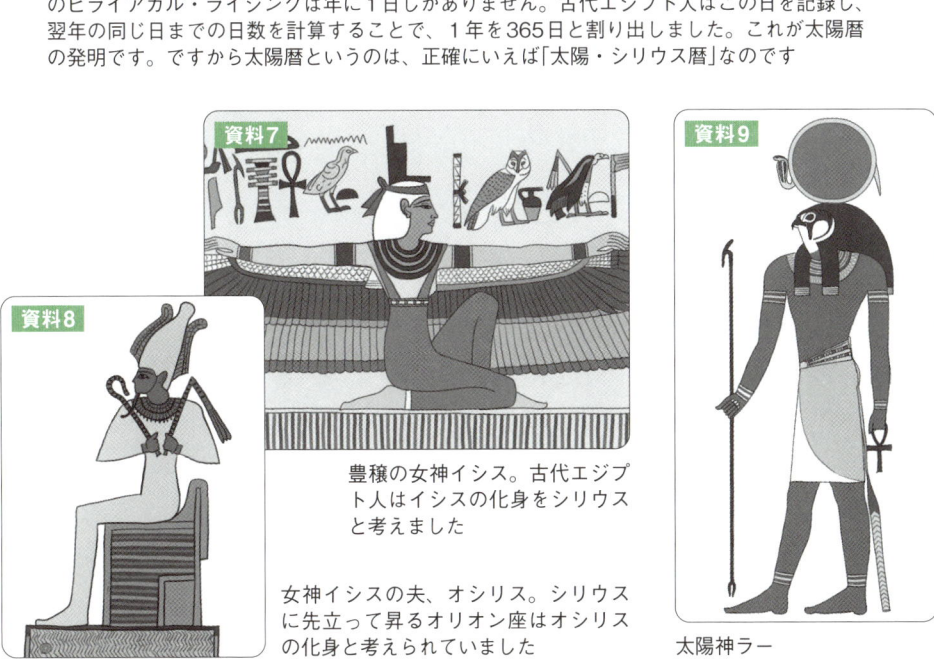

豊穣の女神イシス。古代エジプト人はイシスの化身をシリウスと考えました

資料8

女神イシスの夫、オシリス。シリウスに先立って昇るオリオン座はオシリスの化身と考えられていました

資料9

太陽神ラー

ここで再びギザ台地に立ってみましょう。ナイル川の西岸、ナイルを背にして西を眺めると、有名な三大ピラミッド 年表16 がそびえています。川に近い方から、クフ王、カフラー王、メンカウラー王のピラミッドが大きい順に並んでいます。図9

三大ピラミッドは中に石棺があることから王墓であると長く考えられてきましたが、実は中から王のミイラや遺品が発見されることはなく、ピラミッド建設の本当の目的はわかっていません。

ナイル川の氾濫期（7月〜10月）に職を失う農民たちに仕事を与え、現物支給で給与を与えていたという記録が発見されたことから「失業対策の公共事業説」も唱えられています。

確かにそれは一面の真実なのでしょう。しかしただの公共事業ならば、道路や橋をつくった方が実用的です。ただの巨大な四角錐《すい》であるピラミッドに、何らかの実用性があるとは思えません。

そこにあるのは「宗教的、象徴的、政治的な意味」なのでしょう。その意味がわかれば、ピラミッドがなぜこの形状で、この配列で作られなければならなかったのか、説明がつくのです。

そのヒントは、クフ王のピラミッドの内部にありました。クフ王のピラミッドは、9世紀後半にイスラム帝国の皇帝《カリフ》マームーンの命により穴が開けられました。『千夜一夜物語《アラビアンナイト》』の第三九八夜によれば、マームーンの「調査隊」はピラミッドの巨大な石灰岩の上で火を焚き、酢をかけて砕きながら掘り進め、内部に通路と複数の墓室を発見しましたが、墓室の中は石棺以外、空っぽでした。

この「マームーンの通路」は今でも残り、観光客用の入り口となっています。ここから通路を上に向かうと「女王の間」、さらに上に進むと、急に広い回廊（大回廊）に出ます。さらに進んだところにあるのが「王の間」で、ちょうどピラミッドの中央部分にあたります。「王の間」とか「女王の間」とかいう呼び名は、便宜上、研究者がつけたものであって、実際に何のために使われたのかはわかりません。図10

■ギザの三大ピラミッド（著者作図）

図9

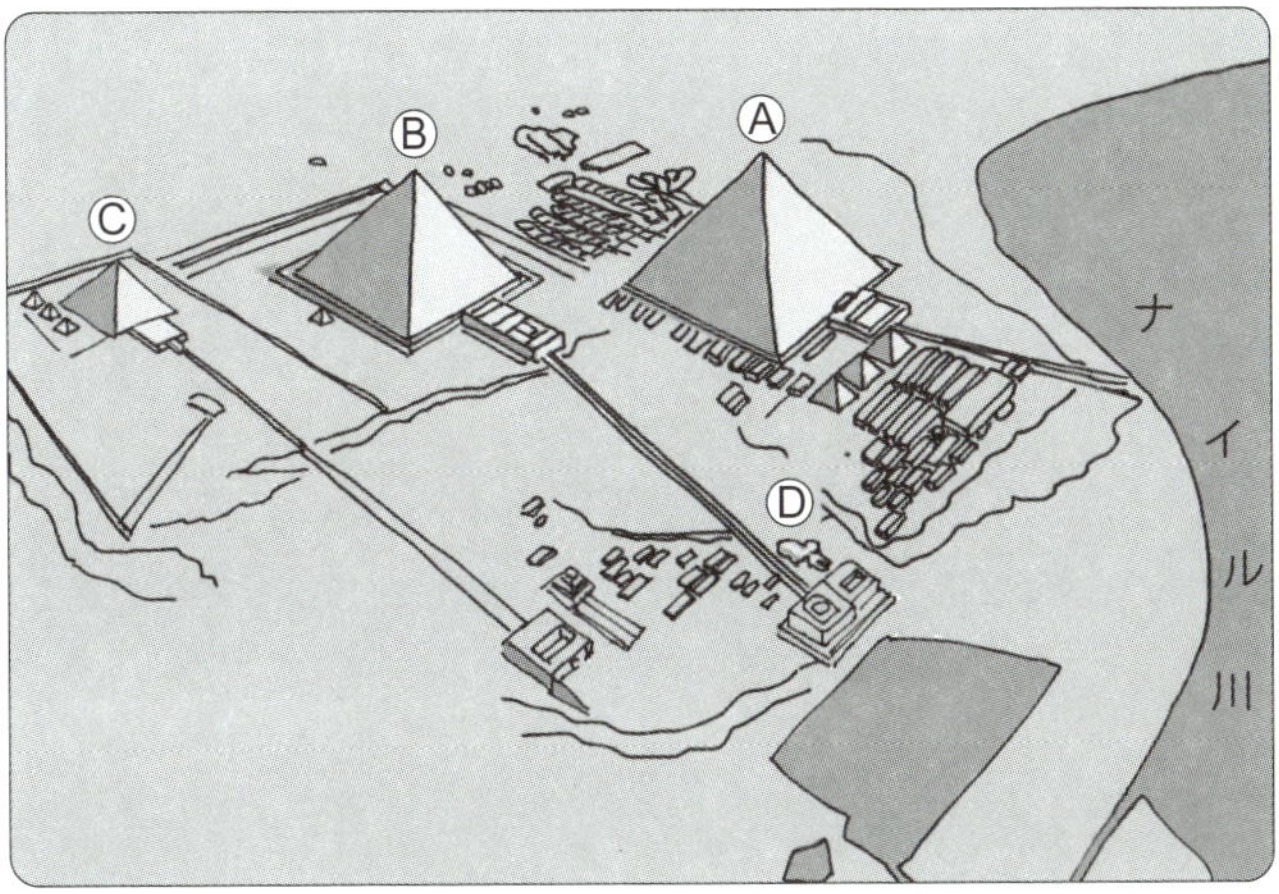

Ⓐクフ王のピラミッド
Ⓑカフラー王のピラミッド
Ⓒメンカウラー王のピラミッド
Ⓓスフィンクス

■クフ王のピラミッド断面図（著者作図）

図10

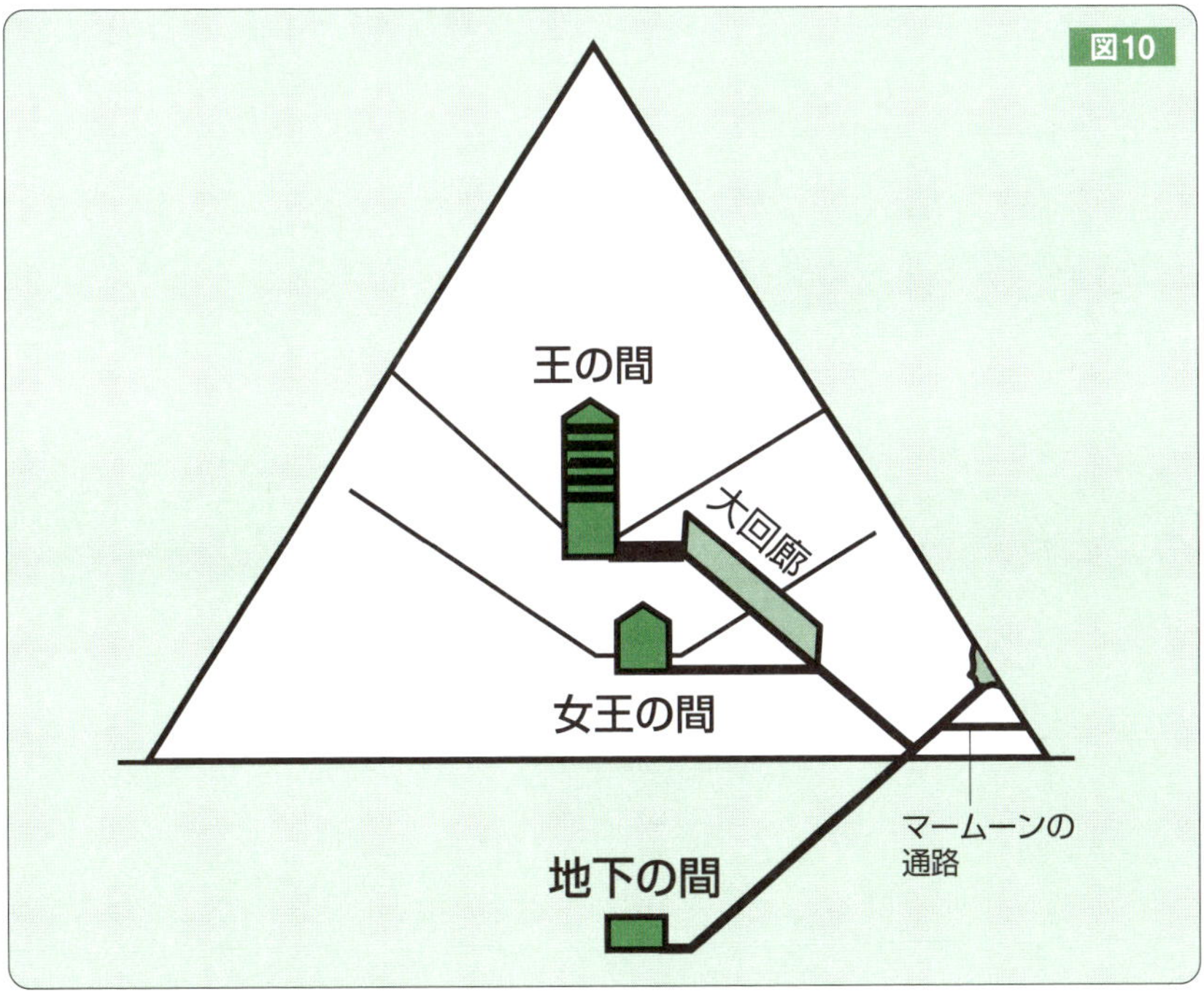

「王の間」には縁の欠けた空っぽの石棺があるだけです。これが王墓であれば、クフ王の業績を讃える壁画で内壁を飾り立てるはずですが、何もありません。

その何もない壁面の北側と南側に、20センチ四方の穴が開いています。「女王の間」の北側と南側にも同じような穴が開いています。

この意味不明の穴については「通気口」と呼ばれてきました。しかし「女王の間」に開けられた穴はピラミッドの外壁まで達しておらず、通気という実用性がありません。

1990年代に「通気口」を調査したドイツ人エジプト学者ライナー・シュタデルマンは、技術者ルドルフ・ガンテンブリンクの協力を得て、カメラを装備したロボットを「通気口」に入れ、精査しました。

その結果、これらの「穴」の指し示す方角が、特定の日時の特定の天体の位置であることが明らかになったのです。彼らはこれらの穴を、天界と地上とを結ぶ「魂の通り道」と解釈しました。

●王の間

南側の穴→南中時のオリオン座ゼータ星（三つ星のいちばん左の星）

（※南中とは、天体が一番高く見える時）

●女王の間

南側の穴→南中時のシリウス

図11

ここでまたオリオン座とシリウスが出てきました。太陽暦を定め、ナイル川の氾濫の始まりを予知できたエジプト王は、太陽神ラーの化身として崇拝されたことは、さまざまな記録から明らかです。その王の魂が、太陽とともにナイル川の水量をつかさどるオリオン座やシリウスと往来するという信仰があったとしても、不思議なことではないでしょう。

■クフ王のピラミッドの穴の指し示す方向と天体の位置（著者作図）

図11

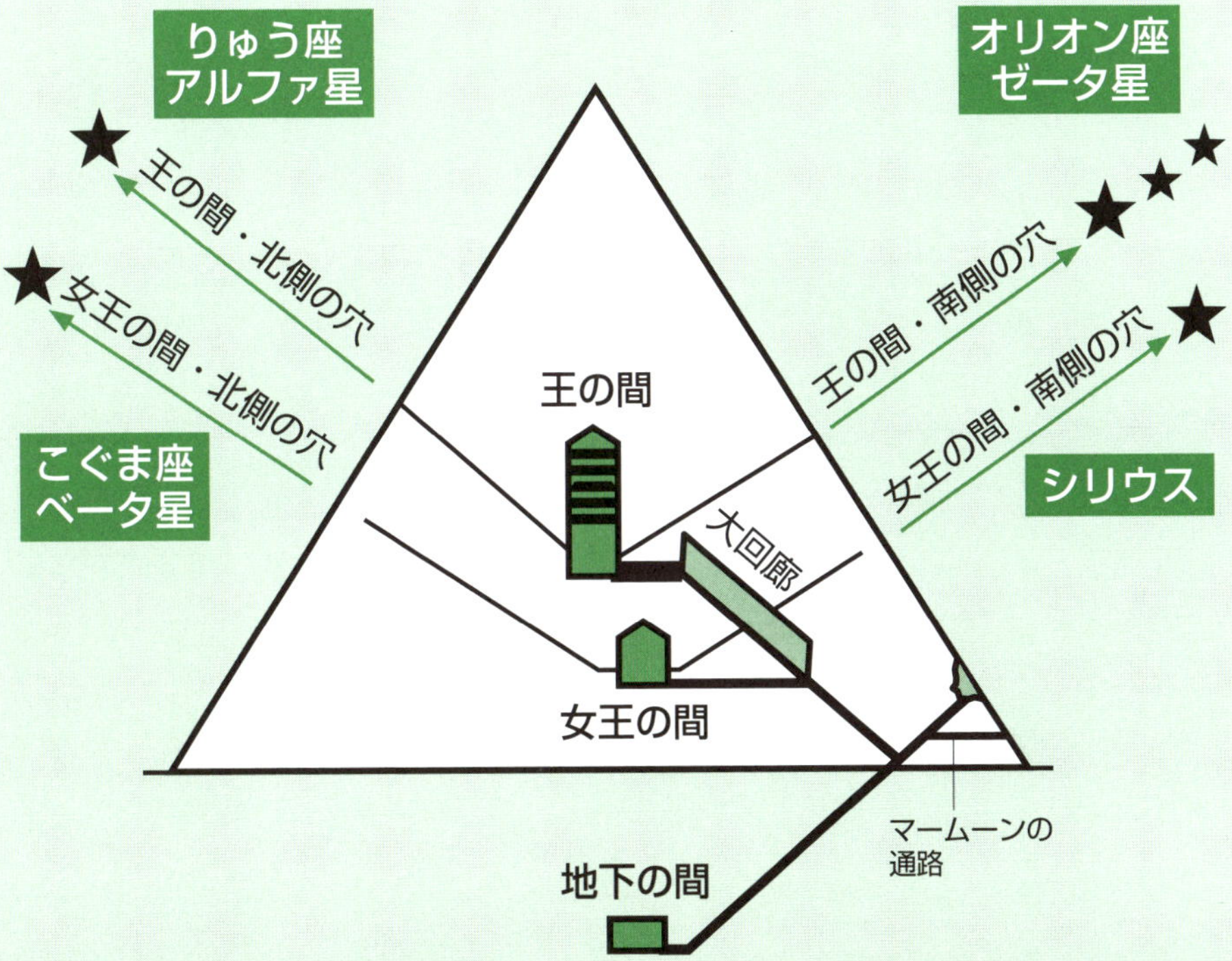

女王の間

南側の穴→南中時のシリウス

王の間

南側の穴→南中時のオリオン座ゼータ星（三つ星のいちばん左の星）

※南中とは、天体が一番高く見える時

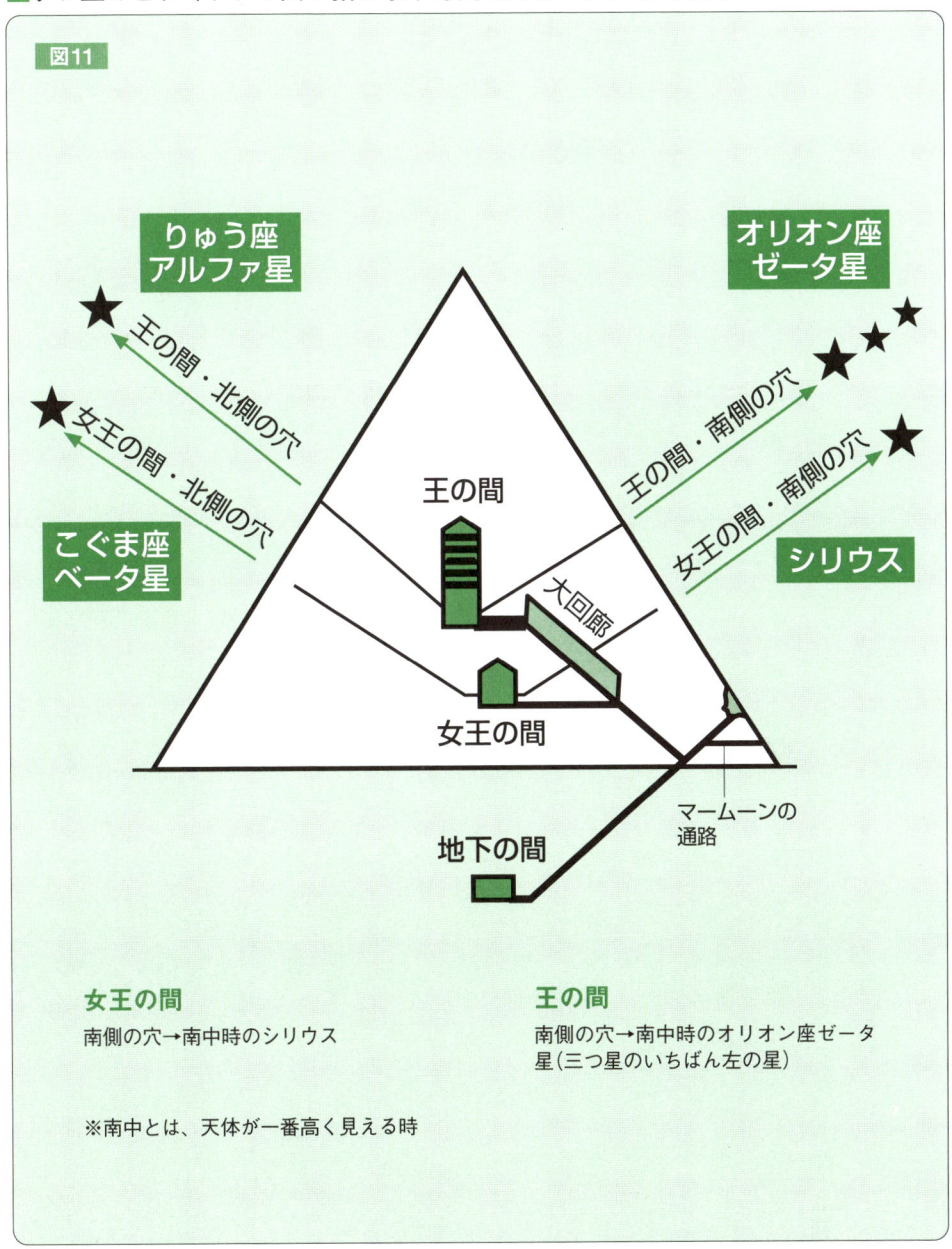

地球の歳差運動と北極星の交代

それでは、北側の穴が指し示す星にはどんな意味があるのでしょう。りゅう座アルファ星、こぐま座ベータ星、いずれも今日ではほとんど顧みられない星々です。北極星はこれらの星々とはちょっと離れた位置にあります。

こぐま座のアルファ星が現在の北極星です。地球の自転軸がこの方向を向いているため、地球から夜空を見ると、すべての天体が北極星を中心に回っているように見えます。

このため古代中国人は北極星を「北辰《ほくしん》」、北極星を見つけるガイドとなる北斗七星を「北斗神君」と呼んで神格化しました。ここから、道教の最高神である「北極紫微《しび》大帝」への信仰が生まれました（「紫微」とは皇居のこと）。

「北極紫微大帝」の子は「天皇大帝」、あるいは単に「天帝」とも呼ばれます。前221年に中国を統一した秦王政は、それまでの「王」という称号を「皇帝」と改め、始皇帝（最初の皇帝）と称しました。つまり皇帝とは、「宇宙の支配者」という意味です。

7世紀、唐の則天武后は夫の高宗《こうそう》が没すると、「天皇大帝」の名を贈って祭らせました。これは天帝に代わって天下を治める皇帝、という意味です。

同じ頃、日本では天武天皇（大海人皇子《おおあまのおうじ》）がそれまでの「大王《おおきみ》」という君主号を「天皇」に改めて、唐の皇帝に対する独立の意思を示しました。つまり「天皇」という称号の起源を探っていくと、北極星の信仰にたどりつくのです。

北極星は不動のように見えますが、実はそうではありません。地球は、コマのようにゆっくり首を振りながら自転しており、自転軸そのものが約2万5000年周期で回転しているのです（歳差運動）。図12 この歳差運動によって地球の自転軸が指し示す方向（天の北極）は刻一刻と移動しており、北極星も、数千年単位で別の星に入れ替わっていくのです。図13 表4

■歳差運動のイメージ
（著者作図）

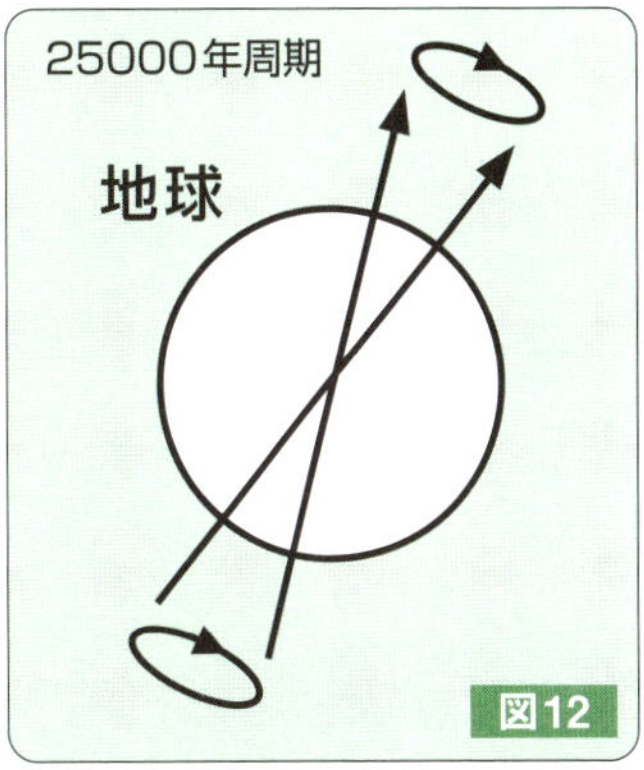

地球はコマのようにゆっくり首を振りながら自転し、自転軸そのものが約2万5000年周期で回転しています。これを歳差運動といいます

■北極星の交代（著者作図）

図13

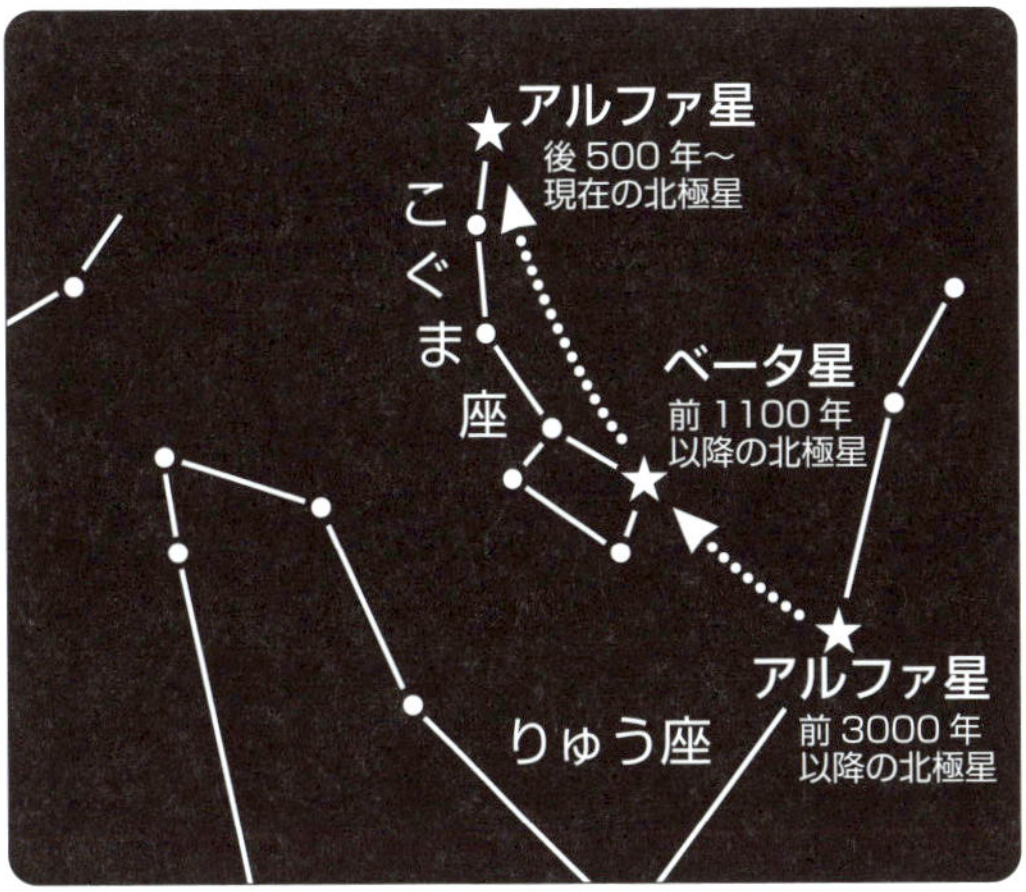

■ピラミッドと北極星の交代の関係

表4

りゅう座アルファ星（トゥバン）……………前3000年頃～ 年表21
↓
こぐま座ベータ星（コカブ）……………前1100年頃～ 年表22
↓
こぐま座アルファ星（現在の北極星）……………後500年頃～ 年表23

ここまで理解してはじめて、クフ王のピラミッドの北側の穴の意味がわかってきます

王の間・北側の穴
↓
りゅう座アルファ星（トゥバン）……………前3000年頃～北極星

女王の間・北側の穴
↓
こぐま座ベータ星（コカブ）……………前1100年頃～北極星

エジプト学の定説では、大ピラミッドが建造されたのは前2500年代です。年表16 この時代、天の北極は、りゅう座アルファ星からこぐま座ベータ星へと移動しつつありました。つまりこの２つの星が、当時の北極星だったのです。女王の間の穴は外壁まで貫通していません。王の間の穴は貫通していますが、50メートル以上ある穴を覗き込んだところで何も見えず、星の観測なんかできません。それにもかかわらず、ピラミッドの設計者たちは、当時の２つの北極星の位置、オリオン座ゼータ星とシリウスが南中する角度を測定し、これを正確にピラミッドの設計図に組み込んだのです

ギザの三大ピラミッドとオリオン座に関しては もう1つ、有名な事実があります。航空写真で撮った三大ピラミッドの位置関係が、三つ星の位置関係と見事に一致するというのです。

この「オリオン相関説」を発表したのは、エジプト生まれの建設エンジニアで、アマチュア考古学者のロバート・ボーヴァルでした（邦訳は『オリオン・ミステリー――大ピラミッドと星信仰の謎』近藤隆文訳 NHK出版 1995）。氷河期の超古代文明の存在を示唆して超ベストセラーとなった英国の作家のグラハム・ハンコックの『神々の指紋』（邦訳は大地舜訳 小学館文庫 1999）でも取り上げられたため、世界的に有名になりました。

三つ星は、左からゼータ星・イプシロン星・デルタ星と並び、ゼータ星とイプシロン星を結ぶ直線より少し上にずれた位置に、デルタ星があります。写真15

三大ピラミッドは、西（ナイル川に近い方）からクフ王・カフラー王・メンカウラー王と並び、クフ王とカフラー王を結んだラインより少し上にずれた位置に、メンカウラー王があります。写真16

両者を重ねてみると……見事に一致します。写真17

プロのエジプト学者たちは、これを「ただの偶然」、「とんでも説」と黙殺しました。「古代エジプト人に正確な天体観測の技術はなく、星の配置をもとに三大ピラミッドを建設できるはずがない」と考えたのです。

確かに「偶然の一致」はあるでしょう。

それではクフ王のピラミッドに開けられた穴の方向が特定の天体を指し示すことも、「偶然の一致」なのでしょうか。だとしたら、ものすごい確率になりますが……。

■オリオン座の三つ星（左からゼータ星・イプシロン星・デルタ星）

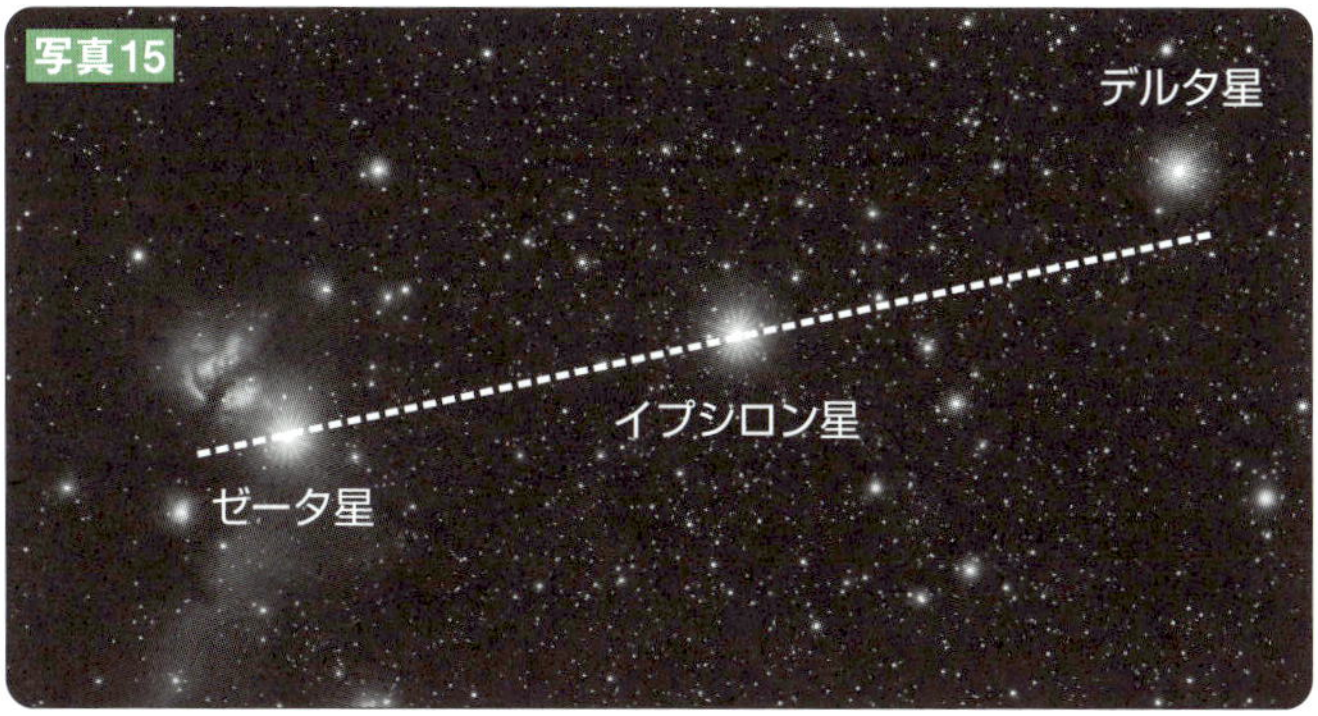

■上空から見たギザの三大ピラミッド

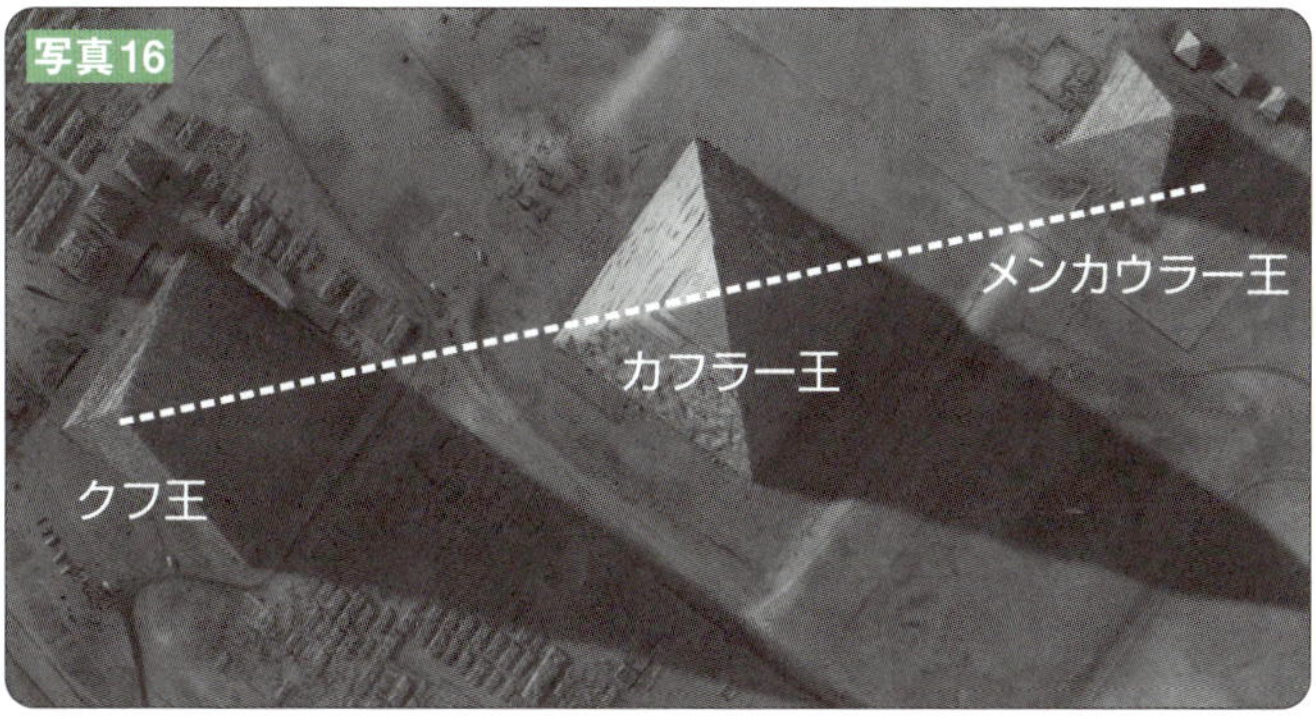

■三大ピラミッドと重ねたオリオン座の三つ星

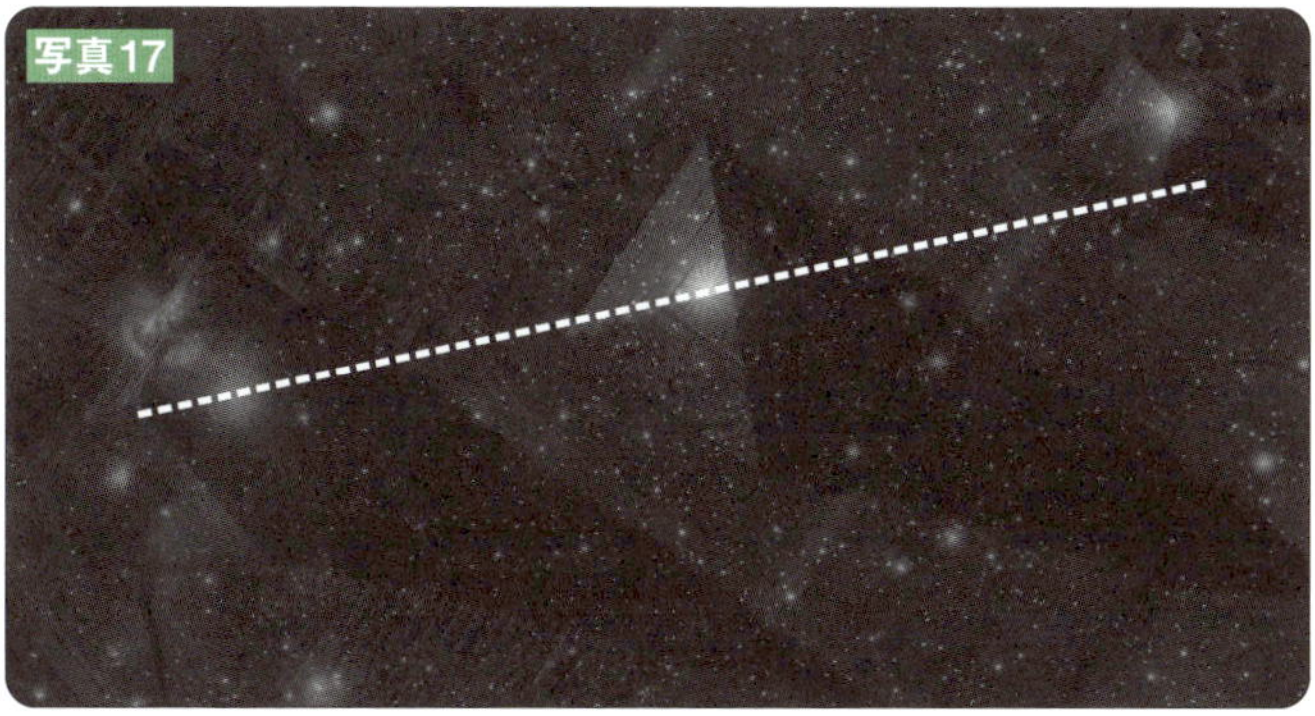

2 太陽暦とヒライアカル・ライジング

エジプトから大西洋を隔てたメキシコ高原のテオティワカンに巨大ピラミッドが出現したのは、紀元後1世紀のことでした。年表20

千数百年後にメキシコを訪れたスペイン人征服者がテオティワカンの遺跡 写真18 を発見したとき、この神殿都市を築いた民族はすでに消え去っており、建設目的も謎のままです。

スペイン人たちは最大のピラミッドを「太陽のピラミッド」、次に大きいものを「月のピラミッド」と名付けました。「太陽のピラミッド」の西側の大通りに面して無数のピラミッドが立ち並んでおり、大通りの北端には「月のピラミッド」、南端にはケツァルコアトルの神殿があります。ケツァルコアトルとは「羽の生えた蛇」と表現される農耕神で、古代メキシコ文明で最も重要な神です。図14

大西洋の両側に、石造のピラミッドというよく似た神殿建築があり、その設計思想がよく似ていることは、単なる偶然でしょうか？

スペイン人の到来まで、中南米の人々はユーラシア・アフリカ大陸の人々と接触がなく、まったく独自の文明を築き上げたというのが「世界史の常識」になっています。これに反する仮説はすべて、「単なる偶然」として片づけられてしまいます。

かつて、南米大陸の東岸（ブラジル沿岸）線と、アフリカ大陸の西岸線とがピッタリ重なることに気づいたドイツの気象学者アルフレート・ヴェーゲナーは「世界の大陸はもともと1つであり、地殻変動により割れ目が生じて移動した結果、南北アメリカ大陸と、ユーラシア・アフリカ大陸とに分離した」という大陸移動説を発表して、論争を引き起こしました。結局、学会で孤立したヴェーゲナーは、大陸移動説の証拠を探してグリーンランド調査に乗りだし遭難死しました。それから1世紀を経て、さまざまな地質学調査の結果、「大陸移動説」の正しさが証明され、ヴェーゲナーの名は教科書にも載るようになりました。

われわれはみずからの無知に、もう少し謙虚になった方がよさそうです。

■テオティワカン遺跡（手前が月のピラミッド。奥が太陽のピラミッド）

写真18

テオティワカンに巨大ピラミッドが出現したのは、ギザの三大ピラミッドの建設から2500年ほど後 年表20 のことで、地中海世界ではローマ帝国の衰退期、東アジアでは魏・呉・蜀の三国時代、日本では女王卑弥呼の時代 年表4 です

図14

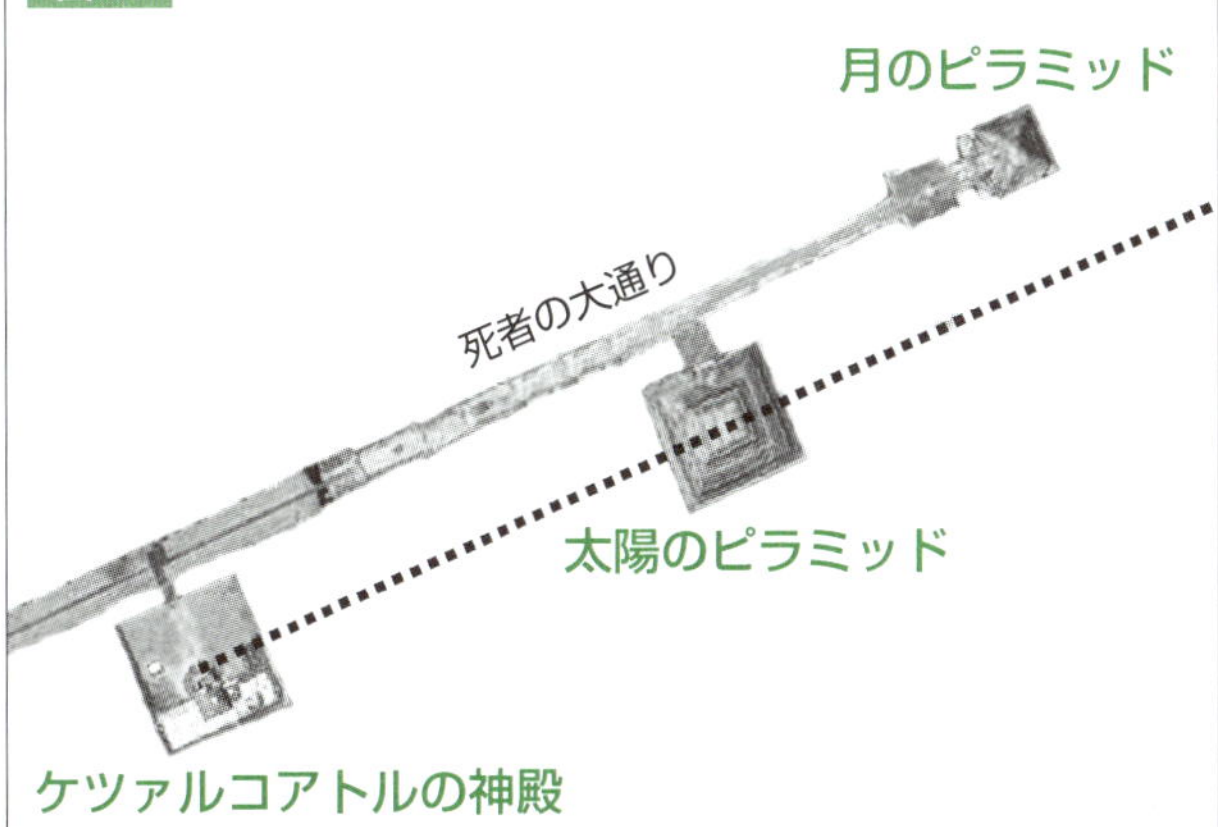

テオティワカン遺跡（著者作図）

前出のロバート・ボーヴァルらは、南から「ケツァルコアトルの神殿」「太陽のピラミッド」「月のピラミッド」が並んでいることに注目しましたが、ケツァルコアトルの神殿と太陽のピラミッドを結んだラインより少し上にずらした位置に、月のピラミッドがあります。ギザの三大ピラミッドは等距離に配置されていますが、テオティワカンは真ん中の太陽のピラミッドが、やや月のピラミッドに寄っていますので、オリオン座の三つ星とはうまく重なりませんでした

惑星の発見と占星術 3

「すい・きん・ち・か・もく・どっ・てん・かい・めいい！」小学生のときに覚えた、太陽系の惑星の順番です。太陽に近い順番で、水星・金星・地球・火星・木星・土星・天王星・海王星・冥王星。このうち天王星より外側は肉眼では見えません。

冥王星は小さすぎて小惑星と区別がつかないという理由から、惑星グループから外されました（２００６年、国際天文学連合の決定）。地球から肉眼で見える惑星は水・金・火・木・土の5つになります。図15

惑星を恒星と見分けるのは簡単です。恒星が地球の大気の影響を受けてチラチラ瞬いて見えるのに対し、非常に近いところにある惑星の光は大気の影響が小さく、瞬きません。

現在、われわれが使っている星座は古代ギリシア人が神話とからめて語り伝えたものを、ローマ時代のエジプトの大天文学者プトレマイオス（英語ではトレミー）が48の星座に整理したものです。

ヨーロッパ人が南半球に乗り出した大航海時代に新たな星座が加えられ、１９２２年に国際天文学連合が88の星座を確定しました。これらの星座を形作っているのは、すべて恒星です。

一方で、固定された星座の間をふらふらと移動しているのが惑星です。

恒星の恒は「常《つね》」と同じで、「いつもそこにある」という意味であるのに対し、惑星の「惑」は「まどう」。星座の間をふらふらと移動し、時には逆方向に動いたりする怪しい星、という意味です。

ギリシア語でも「さまよう」を意味するプラネテス（planetes）と呼ばれ、英語のプラネット（planet）になりました。

まるで生き物のような動きをすることから、古代人はそれぞれの惑星に神の姿を投影しました。P52表5 水・金・火・木・土の五柱の神々に、太陽神と月の女神を合わせると七柱となります。

年表15 紀元前３０００年にメソポタミア文明を築いた人々（シュメール人、バビロニア人）は、

水星

水星は太陽の近くを公転、日の出前と日没後の地平線低くに現れ、すぐに見えなくなってしまうことから、神出鬼没の神、旅人や商人、計略の神マーキュリーとなりました。水銀はあらゆる金属と化合して姿を変えることから水星と結び付き、水銀を多用する錬金術の象徴にもなりました

金星

金星は日の出前と日没後の地平線高くに現れ、燦然《さんぜん》たる黄金の光を放つことから、ギリシア・ローマ神話では豊穣の女神ヴィーナスとなりました。その一方で、太陽（神）に近すぎる位置で輝くことから「太陽への反逆者」ともみなされました。ラテン語で金星を意味するルシファーを、カトリック教会は「神に反逆して天からおとされた堕《だ》天使」、すなわち「地獄の王・悪魔《サタン》」に結びつけました。イギリス革命期の詩人ジョン・ミルトンの戯曲『失楽園』のヒットにより、悪魔としてのルシファーのイメージが定着します

木星

木星は最も明るい惑星で、堂々たる黄土色を放ちます。このためギリシア・ローマ神話では「神々の王」ゼウス／ユピテル（ジュピター）とみなされ、ローマ皇帝はその化身として君臨しました

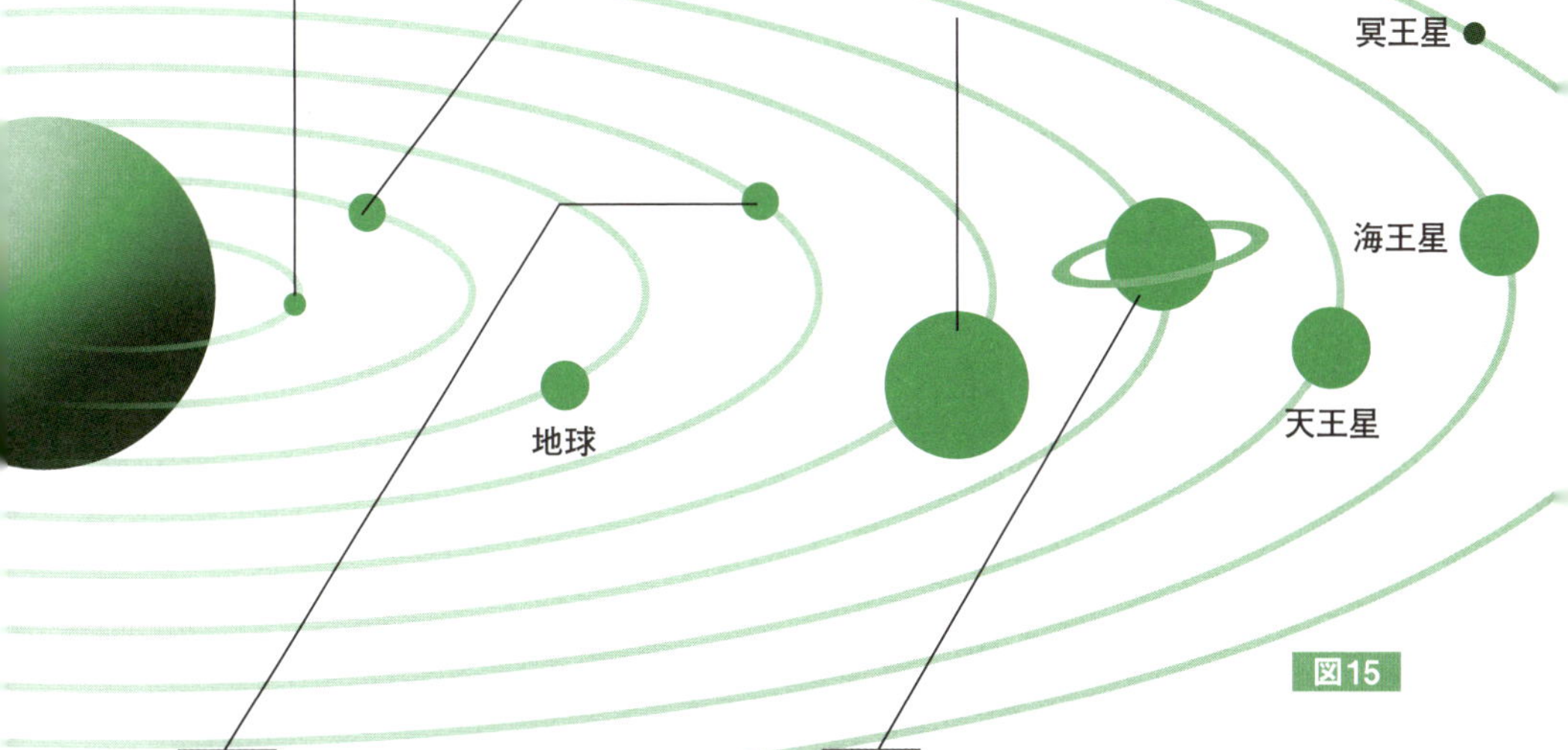

図15

火星

火星は酸化鉄（赤サビ）の土壌で覆われているため赤く輝き、血の色、火の色を連想することから、戦いの神マースとなりました。ローマの伝説的建国者であるロムルス王は軍神マルスの子と称し、春分の月（3月）を新年に定めて軍神を祀らせました。ここから3月をマルティヌス（マルス月）と呼び、英語のMarchになりました。一方で、軍隊の行進もマーチ（march）になったのです

土星

土星は木星より暗く、ほとんど動かないことからゼウスの父、農耕の神クロノス／サトゥルヌス（サターン）とみなされました。農耕は季節の変化と結びつくので、「時の神」にもなりました。ルシファーの別名であるサタン（Satan）は「（神への）敵対者」、土星の神サトゥルヌス→サターン（Saturn）は「農耕神」ですので、まったく別の存在です

■太陽系の5惑星にあてはめられた神々　表5

水星／辰星(マーキュリー Mercury) 日の出と日没時にしか見られず、動きが早い
旅人、商人、計略、音楽、化学変化(水銀)の神
ナブー（バビロニア神話)、ヘルメース(ギリシア神話)、メルクリウス(ローマ神話)、ウォータン(ゲルマン神話)
金星／太白(ヴィーナスVenus) 日の出と日没の前後、地平線近くで金色に輝く
愛と美、豊穣の女神
イシュタル(バビロニア神話)、アフロディーテー（ギリシア神話)、ウェヌス(ローマ神話)
火星／熒惑《けいこく》(マーズMars) 地表が酸化鉄(赤サビ)に覆われ、赤く輝く
軍隊、武勇、破壊の神
ネルガル(バビロニア神話)、アレース(ギリシア神話)、マルス(ローマ神話)
木星／歳星(ジュピター Jupiter) 惑星では最も明るく(－２等星)、黄土色に輝く
神々の主、天空、雷の神
マルドゥク(バビロニア神話)、ゼウス(ギリシア神話)、ユーピテル(ローマ神話)
土星／鎮星《ちんせい》(サターンSaturn) 木星より暗く(２等星)、動きが小さい
農耕、収穫、時の神。※悪魔Satanとは別の神
ニヌルタ（バビロニア神話)、クロノス（ギリシア神話)、サートゥルヌス(ローマ神話)

この七柱の神々を順番に並べて「曜日」を考案しました（七曜制・順番の意味は諸説あり）。

太陽→月→火星→水星→木星→金星→土星

　メソポタミア文明では、月の満ち欠けの周期（29〜30日）を1カ月とする太陰暦を使っていました。仮に29日として4等分すると7日（あまり1）となり、ほぼ1週間となります。つまり、月の満ち欠けから1カ月を確定し、4等分して1週間7日を定め、そこに神々の名を当てはめた、ということになります。これが西はエジプト経由でギリシア・ローマ・ヨーロッパへ、東はインド経由で中国・日本へと広まりました。

　インドでは仏教の神秘主義（密教）の占星術に七曜制が取り入れられ、中国に伝えられました。これが『宿曜経《すくようきょう》』という経典で、知恵の仏である文殊菩薩《もんじゅぼさつ》が、黄道十二宮（後述）や七曜を用いて、占星術の方法を解くという内容です。ただ、中国共産党政権下では『宿曜経』などの「迷信」は抹殺され、曜日（中国語で「星期」）の呼び名も「星期日・星期一・星期二……」というふうに、日曜以外はただの数字に変えられてしまいました。

　日本では平安時代の初頭、遣唐使に加わった空海が『宿曜経』を持ち帰りました。これが吉凶占いやスピリチュアルマニアだった平安貴族の間で流行し、朝廷が発行する公式の暦である具注暦《ぐちゅうれき》にも、曜日が記載されるようになりました。

　しかし曜日を気にしていたのは、超自然現象に戦々恐々としていた貴族社会の間の話であって、リアリストの武士の時代になると曜日は忘れ去られていきました。

　明治維新期に、西欧のグレゴリオ暦を採用する際、曜日の翻訳に窮した学者たちが、『宿曜経』の価値を再発見し、数百年ぶりに「日・月・火・水……」の曜日が復活したのです。

　五大惑星の動きを長いスパンで追っていくと、あることに気づきます。すべての惑星が、抜きつ、抜かれつしながら、星座の中の1本の道を通っているように見えるのです。

そしてこの惑星たちの「一本道」は、実は太陽の軌道（黄道）と一致していることがわかります。日中は明るすぎて、太陽がどの星座にあるのか見えませんが、日没直前と日の出直後の星座を観察することで、それがわかるのです。

太陽系の惑星は（地球も含めて）ほぼ同一平面上を周回しており、地球からそれらを見ると、平べったい太陽系を真横から見ている形になるので、太陽も惑星たちも、同じ軌道を動いているように見えるのです。なお、月の軌道（白道）は、黄道とは少しずれがあります。

古代人は、地球は不動であり、太陽や星々が地球を周回していると考えました（天動説）。地球を覆う天球という巨大な球体があり、そこに星座が刻み込まれて1日に1回転しており、太陽と惑星、それに月は、天球を走るレール（黄道・白道）に沿って、独自の動きをしていると考えたのです。

黄道が通過する、すなわち太陽と五大惑星が往来する星座を「黄道十二宮」と呼びます。表6

古代バビロニアでは、月と太陽、五大惑星が、人間の運勢を左右すると考えました。火星が出現すれば戦争が起こる、というような占星術です。

前4世紀末、ギリシアを統一したアレクサンドロス大王がオリエントに攻め込んだのをきっかけに、このバビロニア占星術がギリシア世界にもたらされ、ギリシア人たちは占星術に熱中しました。

占星術（アストロロジー）は、天文学（アストロノミー）の進歩と二人三脚で発達。人が生まれた日時の天体の位置を確定できるようになり、平面上にこれらを表示する技術・ホロスコープ 図16 が生まれました。

これは円盤の周囲に黄道十二宮が並び、太陽と月、五大惑星の位置を表示します。「○○座生まれの人の今日の運勢は？」というのは、このホロスコープで占っているのです。

黄道十二宮とそのシンボル（ゾディアック・サイン）

表6

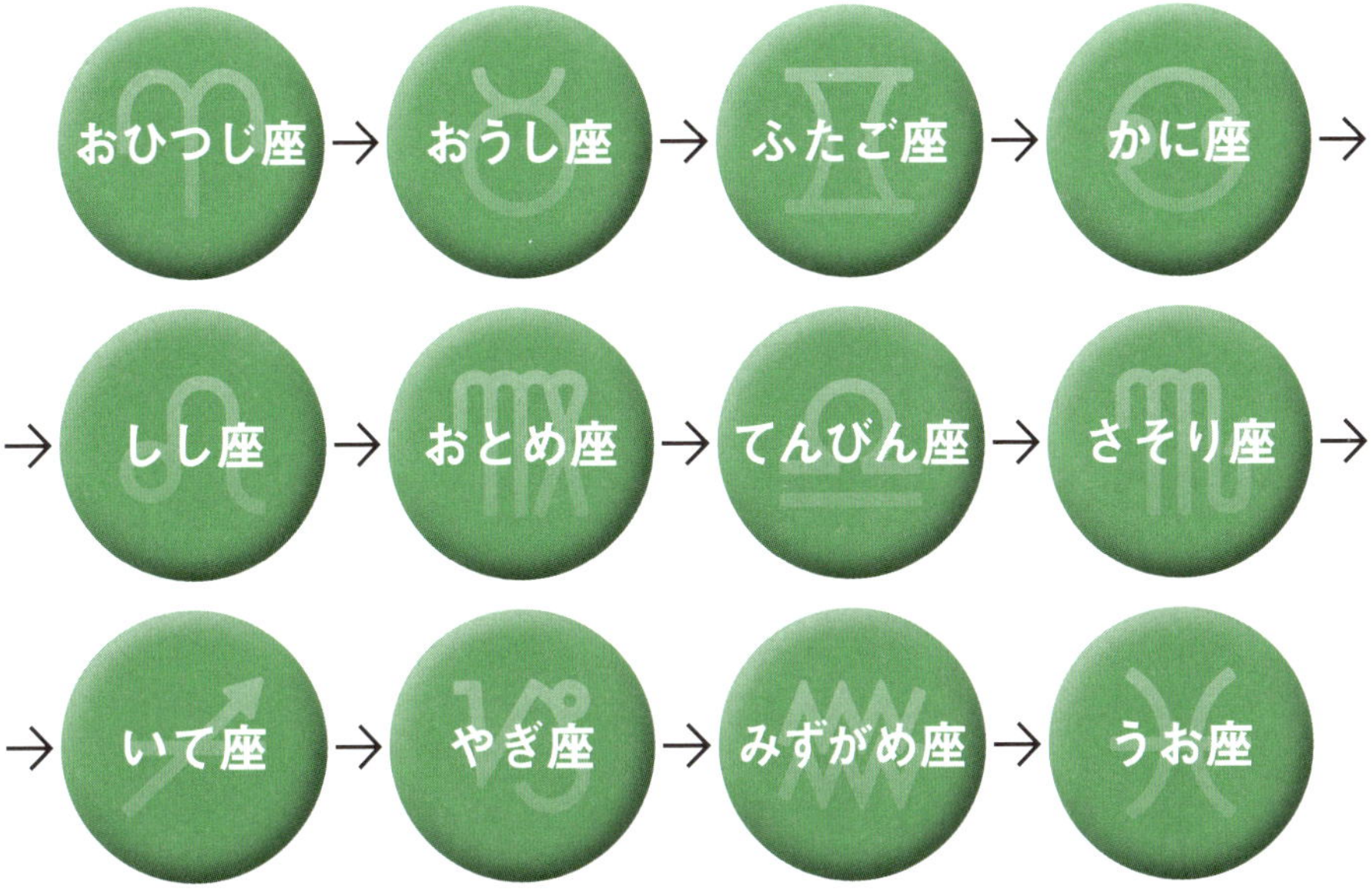

ホロスコープ

図16

仏教（密教）系の『宿曜経』が唐代に伝来する以前から、古代中国では道教と結びついた占星術が独自の発達を見せていました。道教というのは、仏教伝来以前からある中国人の伝統宗教で、日本の神道とも相通ずる自然崇拝です。この中国独自の占星術を、陰陽五行《いんようごぎょう》説といいます。

「陰陽」とは、プラスのエネルギー「陽」と、マイナスのエネルギー「陰」とのバランスで森羅万象を説明する思想です。ゾロアスター教的、ユダヤ教的な善悪二元論では決してなく、陰・陽が常に交代し、補い合い、バランスを保っていると考えます。光がなければ影はなく、昼がなければ夜はなく、健康がなければ病気もない。新月も必ず満ちていき、満月を過ぎれば必ず欠けていく――。この思想をイメージしたのが太極《たいきょく》図 図17 です。

周王朝（紀元前1046〜紀元前256 年表6）で成立した『易経《えききょう》』は、陰陽思想をもとに自然と人間の運勢を占おうとする哲学書です。

『易経』では、陽を「⚊」、陰を「⚋」の記号で表し、これを3本ずつ組み合わせた8パターンを八卦《はっけ》といいます。図18 この八卦を2つずつ組み合わせると、8×8＝64パターンの組み合わせとなり、これを六十四卦といいます。

『易経』による占いは、筮竹《ぜいちく》と呼ばれる50本の竹の棒を使う方法が一般的です。これを2つの束に分け、ここから8本ずつ差し引いていき、余った本数から八卦を割り出します。これを繰り返すことで、六十四卦を求めるのです。

「乾坤一擲《けんこんいってき》の勝負」の乾坤とは、「陽が極まる☰（乾）か、陰が極まる☷（坤）か、どちらになるかわからない」という意味です。ほぼ同じ意味の「一かバチかの勝負」という表現は、サイコロ賭博の「丁か、半か」からきているそうです。丁を「一」、半を「八」と言い換えているのです。相撲の「はっけよい！」は、「発気揚々！」説と、「八卦よい！」説がありますが、真剣勝負を占いまかせにするのは変なので、私は「気合を入れて！」を意味する「発気揚々！」説を取りたいと思います。

図17

■太極図

陰と陽のバランスで森羅万象を説明するこの思想をイメージ化したのが太極図で道教のシンボルです

図18

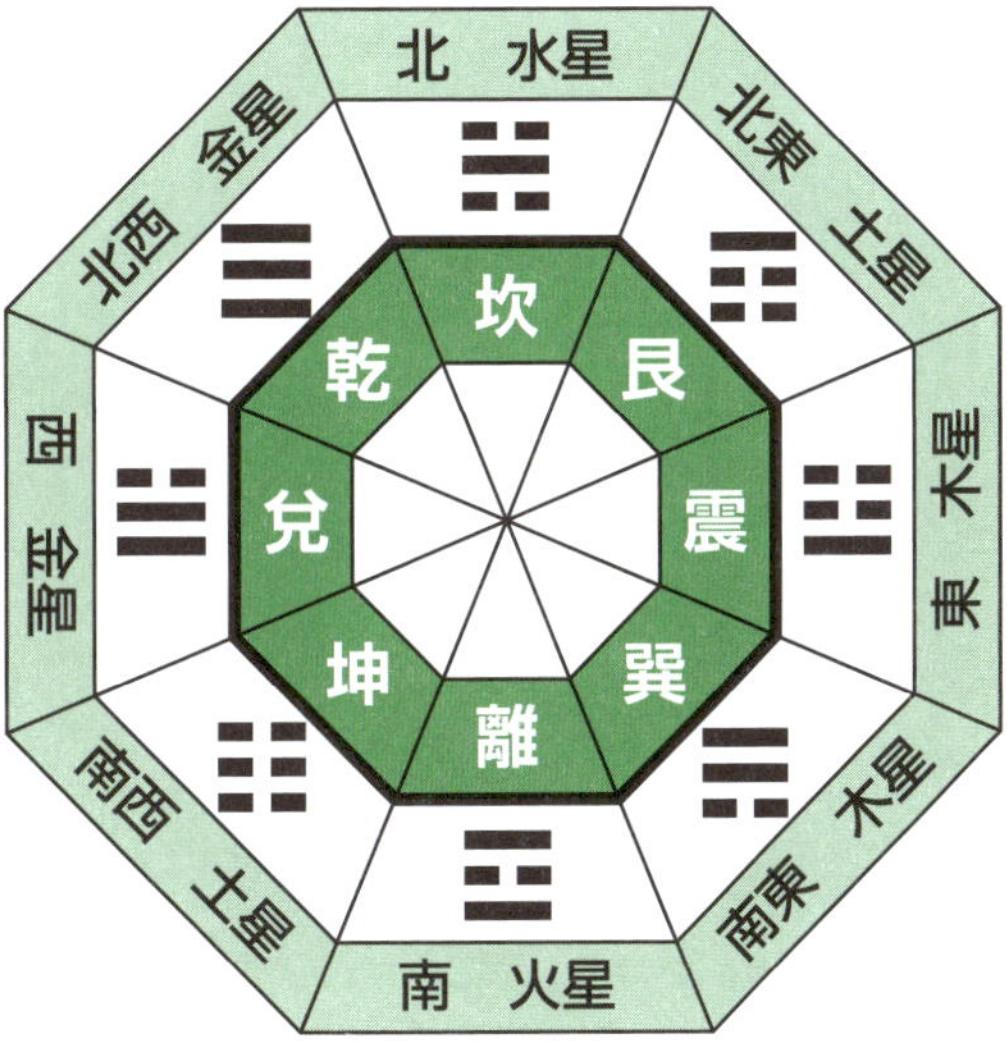

■八卦

☰(乾《けん》)☱(兌《だ》)☲(離《り》)☳(震《しん》)

☴(巽《そん》)☵(坎《かん》)☶(艮《ごん》)☷(坤《こん》)

八卦にはそれぞれ、惑星・方位・動物・身体の各部・自然現象が対応しています。たとえば、☲(離)は「陽に挟まれた陰」、すなわち「外は固いが中が柔らかい」、あるいは「2つのものが向き合う」と解釈します。方角は南、惑星は火星、色は赤、身体では目や心臓、自然現象では光や火を象徴します。物事の不確実性を意味する「当たるもはっけ、当たらぬもはっけ」ということわざは、この八卦からきています

■大韓民国の国旗(太極旗)

真ん中に太極図、四隅に八卦を配しています。これは朝鮮王朝時代の王旗をもとにしており、☰(乾)と☷(坤)、☲(離)と☵(坎)を対角線上に配置することによって、対立の解消を意味しているのです。実際の朝鮮半島が、長く南北に分断されたままであるのは皮肉な話です

次に五行説です。

古代中国でもバビロニア占星術と同様に、五大惑星の運行を重視しました。これを理論化したのが、戦国時代の斉《せい》の国（山東半島）の思想家・鄒《すう》衍《えん》（前３０５頃～前２４０頃 年表7）です。

鄒衍自身の著作は残っていませんが、のちの漢代に司馬遷が書いた『史記』などから、その概略がわかります。ここで注目したいのは政治理論としての五行説。鄒衍は「土・木・金・火・水の五徳の転移によって、秩序が交代する」と説き、王朝交代はこれに対応している、と説明したのです。

秦の始皇帝の側近・呂不韋《りょふい》が編纂《へんさん》させた百科全書『呂氏春秋』によれば、五徳とは土→木→金→火→水の順番で、それぞれシンボルカラー（黄→青→白→赤→黒）が対応しています。この順番は、「前のものに打ち剋《か》つ」という意味で、相剋《そうこく》説といい、相剋説を王朝交代に当てはめると 図19 のようになります。

周王朝が内戦で崩壊したのが戦国時代。秦の始皇帝（秦王朝）は、周に代わる新秩序の樹立を掲げて秦を水徳の国、黒をシンボルカラーとし、天下統一に成功したのです（前２２１ 年表8）。

ところが秦は、まさかの短命で滅び、火徳の王朝である漢が帝国を再建しました。この漢王朝の正当性を説明するためには、新たな五行解釈が必要でした。

漢王朝ははじめて儒学を採用しましたが、もともと儒学とは政治学、道徳論に過ぎず、宇宙哲学については『易経』の陰陽説や、鄒衍の五行説を採用しました。この作業を行ったのが、武帝に仕えた儒学者・董仲舒《とうちゅうじょ》です。彼は、天子（皇帝）が徳を失えば天帝が怒り、天変地異という形で警告を下す、という「天人相関説」を唱え、権力者への戒めとしました。

この説が広く流布された結果、異常気象による飢饉《ききん》が「天命」と解釈され、大規模な反乱を引き起こして王朝交代に至るという中国独特の歴史が展開されることにもなったのです。

■鄒衍の五行相剋説と中国王朝の交代（著者作画）

図19

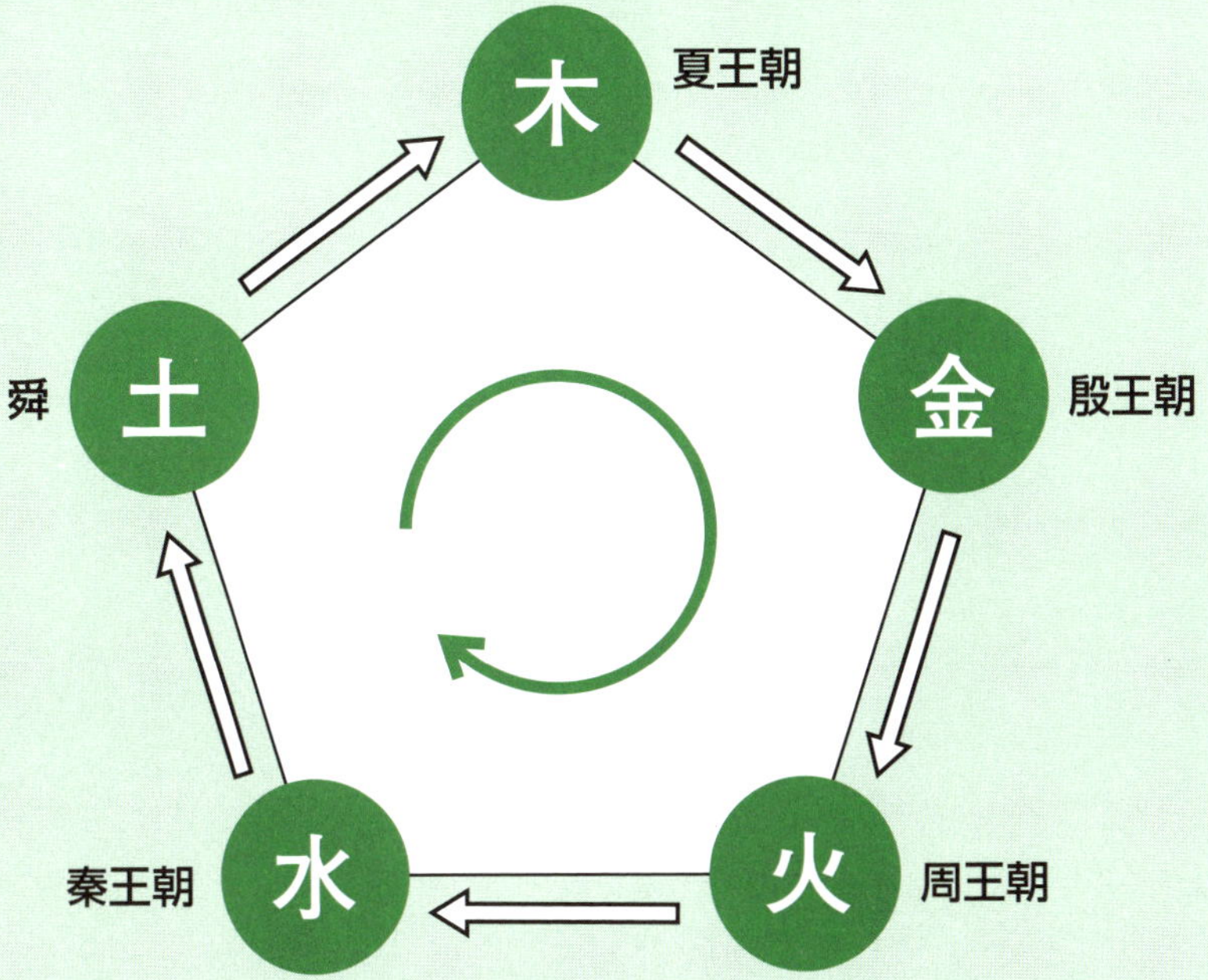

1	土に根を張って成長するのは、木
2	木を切り倒せるのは、金属の斧
3	金属を溶かせるのは、火
4	火を消せるのは、水
5	水を濁らせるのは、土

舜《しゅん》（土徳／黄）→**夏《か》王朝**（木徳／青）→**殷《いん》王朝**（金徳／白）→**周王朝**（火徳／赤）→**秦王朝**（水徳／黒）

五行相生説と王朝交代

前漢の末、漢の皇族の血を引く思想家で天文学者でもあった劉歆《りゅうきん》という人物が現れます。彼は鄒衍の相剋説を否定し、「前のものから新たなものが生まれる」という相生《そうじょう》説を唱え、漢王朝は実は火徳だったのだ、と主張しました。

この結果、「簒奪《さんだつ》者の秦」を倒した漢こそが、周王朝（木徳）の正統な継承者、ということになったのです。年表9

ここで話が終われば、劉歆は漢王朝の権威を高めた、でおしまいですが、実はそうではありません。この劉歆を保護し、みずからの政権掌握に利用した野心家がいたのです。彼の名を王莽《おうもう》といいます。

叔母が漢の皇帝に嫁ぎ、皇后になったことから政権中枢に食い込んだ王莽は、儒学の天人相関説、陰陽五行説を利用して帝権奪取を狙いました。

そのため、無名の地方豪族に過ぎないみずからの家系を、伝説の帝王・舜の家系であると偽装する一方、その前の帝王である堯《ぎょう》の家系が漢王朝につながると主張し、堯が舜に帝位を譲ったように、漢王朝は王莽に帝位を譲るべきだと主張したのです。

この王莽の歴史改竄《かいざん》に、学者として手を貸したのが劉歆でした。だから劉歆は、火徳（赤）から土徳（黄）への王朝交代を正当化する必要があり、相生説を考えたのです。図20

こうしてまんまと皇帝の座を奪い、国号を「新」と改めた王莽でしたが、こんなデタラメがまかり通るはずがありません。

たちまち各地で王莽打倒の兵が挙がり、帝国は大混乱に陥りました。漢の復興を要求する反乱軍は、漢のシンボルカラーの赤を身にまとい、眉毛を赤く塗りました（赤眉《せきび》の乱）。混乱の中、劉歆は王莽と仲違いして殺されてしまいます。

結局、王莽も殺され、「新」は16年で崩壊したのです。

■劉歆の五行相生説（著者作画）と王朝交代 図20

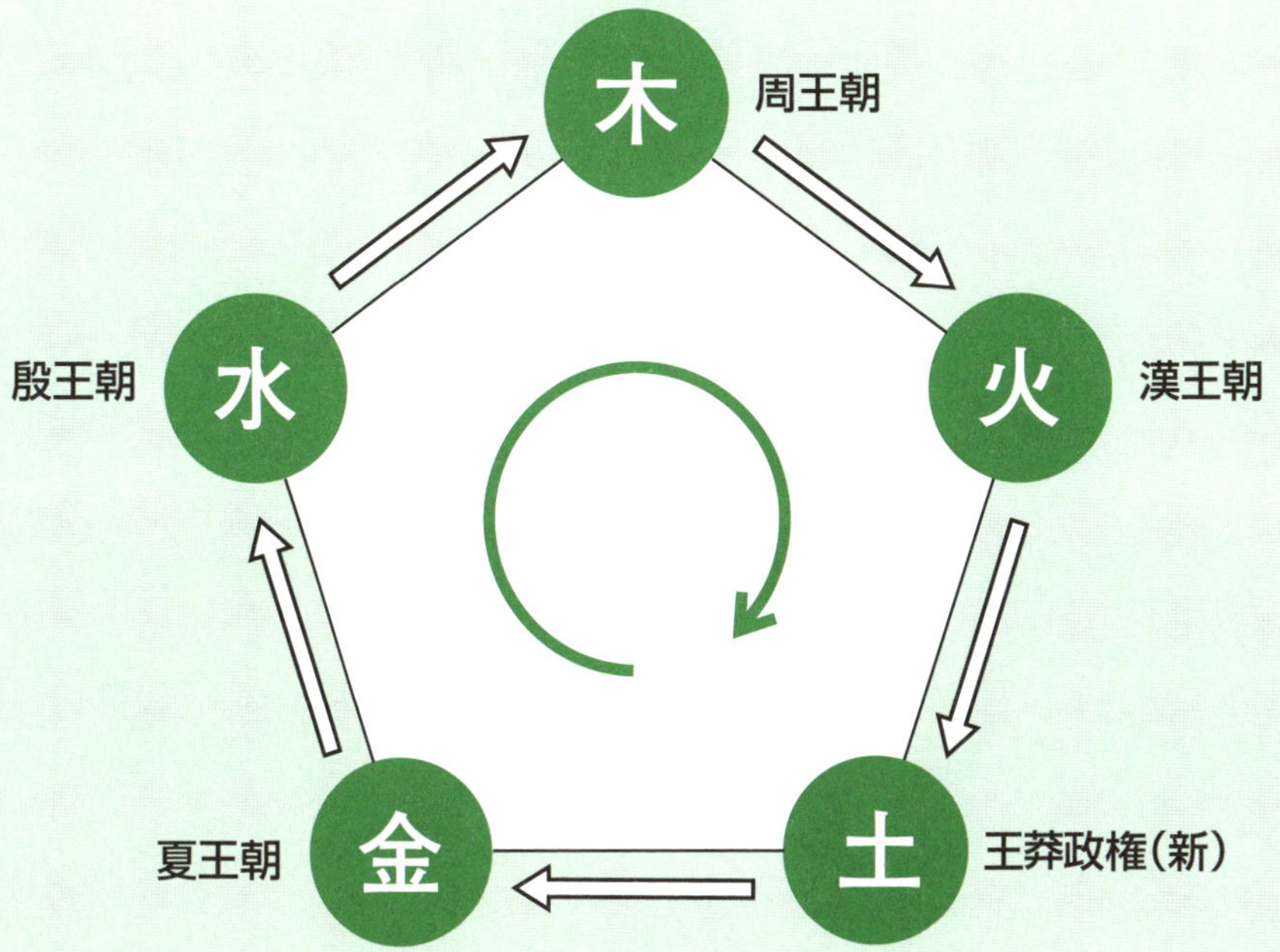

1	水があれば、木が成長する
2	木を燃料として、火が生じる
3	火が燃えつきると、土(灰)が生じる
4	土の中に金属が生じる
5	金属の表面には、水滴が生じる

堯（火徳／赤）→**舜**（土徳／黄）→**夏王朝**（金徳／白）→**殷王朝**（水徳／黒）→**周王朝**（木徳／青）……（秦を省略）……**漢**（火徳／赤）→**王莽**（土徳／黄）

長く「土徳」とされていた漢王朝を「火徳」と解釈し直すに当たって、劉歆はこう説明しました。「短命に終わった秦は、正統な王朝ではない。よって、歴代王朝からはずす」

その後、光武帝劉秀が漢王朝を復活させました（後漢）年表10が、劉歆の相生説はなぜか後漢でも広くもてはやされ、歴代王朝のスタンダードになっていきます。おそらく農民出身の漢王朝の祖先を、伝説の帝王・堯に結びつけたことが気に入られたのでしょう。

後漢の末（2世紀）には政治腐敗と重税に加え、地球規模の寒冷化が起こります。飢饉に苦しむ農民たちは、カリスマ的な指導者・張角のもとに集まり、漢王朝打倒の大反乱を起こしました（184年・黄巾《こうきん》の乱 年表11）。張角の挙兵宣言は、『三国志』に引用されて有名になりました。

「蒼天《そうてん》すでに死す。黄天まさに立つべし。歳は甲《かっ》子《し》にあり、天下大吉」

「蒼天」は漢王朝のことでしょう。火徳（赤）の漢王朝をなぜ「蒼《あお》」と呼んだのかについては、専門家の間でも諸説あり明確な答えが出ていません。

「黄天」は土徳の王朝。張角も王莽と同様、相生説を採用して、今回の挙兵を土徳革命と位置付けていたことがわかります。参加者は黄色い布を頭に巻いたので、「黄巾の乱」と呼ばれます。

「甲子」は西暦184年。古代中国では、十干《じっかん》十二支で年数を記録しました。表7

十干…甲《こう》・乙《おつ》・丙《へい》・丁《てい》・戊《ぼ》・己《き》・庚《こう》・辛《しん》・壬《じん》・癸《き》

十二支…子《ね》・丑《うし》・寅《とら》・卯《う》・辰《たつ》・巳《み》・午《うま》・未《ひつじ》・申《さる》・酉《とり》・戌《いぬ》・亥《い》

「甲子」は十干十二支のはじめですから特別な意味があり、この年には革命（王朝交代）が起こると考えられていました。張角が挙兵した西暦184年は、まさに甲子の年だったのです。

さらに「辛酉《しんゆう》」の年にも政変が起こると考えられ、『日本書紀』で、初代天皇である神武天皇の即位年として設定された前660年は、この辛酉の年でした（詳細は『イエス・キリストと神武天皇』（ヒカルランド　2021）をお読みください）。

日本の平安末期から鎌倉時代にかけて、中国を支配した宋王朝は、火徳（赤）の王朝でした。

■六十干支

表7

番号	干支	音読み	訓読み	番号	干支	音読み	訓読み
1	甲子	こうし	きのえね	31	甲午	こうご	きのえうま
2	乙丑	いっちゅう	きのとうし	32	乙未	いつび	きのとひつじ
3	丙寅	へいいん	ひのえとら	33	丙申	へいしん	ひのえさる
4	丁卯	ていぼう	ひのとう	34	丁酉	ていゆう	ひのととり
5	戊辰	ぼしん	つちのえたつ	35	戊戌	ぼじゅつ	つちのえいぬ
6	己巳	きし	つちのとみ	36	己亥	きがい	つちのとい
7	庚午	こうご	かのえうま	37	庚子	こうし	かのえね
8	辛未	しんび	かのとひつじ	38	辛丑	しんちゅう	かのとうし
9	壬申	じんしん	みずのえさる	39	壬寅	じんいん	みずのえとら
10	癸酉	きゆう	みずのととり	40	癸卯	きぼう	みずのとう
11	甲戌	こうじゅつ	きのえいぬ	41	甲辰	こうしん	きのえたつ
12	乙亥	いつがい	きのとい	42	乙巳	いつし	きのとみ
13	丙子	へいし	ひのえね	43	丙午	へいご	ひのえうま
14	丁丑	ていちゅう	ひのとうし	44	丁未	ていび	ひのとひつじ
15	戊寅	ぼいん	つちのえとら	45	戊申	ぼしん	つちのえさる
16	己卯	きぼう	つちのとう	46	己酉	きゆう	つちのととり
17	庚辰	こうしん	かのえたつ	47	庚戌	こうじゅつ	かのえいぬ
18	辛巳	しんし	かのとみ	48	辛亥	しんがい	かのとい
19	壬午	じんご	みずのえうま	49	壬子	じんし	みずのえね
20	癸未	きび	みずのとひつじ	50	癸丑	きちゅう	みずのとうし
21	甲申	こうしん	きのえさる	51	甲寅	こういん	きのえとら
22	乙酉	いつゆう	きのととり	52	乙卯	いつぼう	きのとう
23	丙戌	へいじゅつ	ひのえいぬ	53	丙辰	へいしん	ひのえたつ
24	丁亥	ていがい	ひのとい	54	丁巳	ていし	ひのとみ
25	戊子	ぼし	つちのえね	55	戊午	ぼご	つちのえうま
26	己丑	きちゅう	つちのとうし	56	己未	きび	つちのとひつじ
27	庚寅	こういん	かのえとら	57	庚申	こうしん	かのえさる
28	辛卯	しんぼう	かのとう	58	辛酉	しんゆう	かのととり
29	壬辰	じんしん	みずのえたつ	59	壬戌	じんじゅつ	みずのえいぬ
30	癸巳	きし	みずのとみ	60	癸亥	きがい	みずのとい

十二支の方はいまでも「干支」として、東アジア文化圏に根付いています。十干と十二支を組み合わせて、1年目を「甲子」、2年目を「乙丑」、3年目を「丙寅」……と数えていき、10年目に「癸酉」で十干が終わると、11年目に「甲」に戻って「甲戌」、12年目に「乙亥」で十二支が終わると、13年目に「子」に戻って「丙子」、14年目「丁丑」……と続き、61年目に最初の「甲子」に戻ります。これが「還暦」で、寿命が短かった時代には、自分の生まれた干支を60年目に迎える人は稀でしたから、みんなで長寿をお祝いしました

13世紀、モンゴル帝国（元朝）に滅ぼされた南宋の子孫と称する韓山童《かんさんどう》は1351年、モンゴル打倒を掲げて挙兵し、参加者は紅色の布を頭に巻きました。これが紅巾《こうきん》の乱です。反乱軍の中で台頭した農民出身の朱元璋《しゅげんしょう》が南京で即位し、国号を「明」と定めます。明も火徳（赤）の王朝です。

明に取って代わったのが、満洲人が建てた「清」でした。満洲人はそれまで「女真人」と呼ばれていた北方の狩猟民族ですが、豊臣秀吉の朝鮮出兵で明が疲弊したあと、17世紀の初頭にヌルハチという英雄が現れて女真は明から独立、民族名を「満洲人」、国名を最初は「後金《こうきん》」、のちに改めて「清」としました。「満」も、「洲」も、「清」もさんずいです。さんずいは「水」を意味します。つまり「火徳の明に水をぶっかけて滅ぼす」という意味で、「満洲」、「清」と名乗ったのです。

この「火を消せるのは、水」という考え方は、鄒衍の相剋説です。中国は最後の王朝になって、最初の相剋説に戻ったことになります。

1911年、辛亥《しんがい》革命によって清が崩壊し、孫文が率いる中華民国が成立しました。中華民国の政権を握った国民党の党旗は、「青天白日旗《せいてんはくじつき》」。青地に白い太陽をあしらっています。

この国民党政権との長い内戦に勝利した中国共産党が、1949年に中華人民共和国を樹立し、国旗に定めたのが「五星紅旗《ごせいこうき》」。赤地に5つの星をあしらっています。ということは……

清（水徳／黒）→中華民国（木徳／青）→中華人民共和国（火徳／赤）

「水から木が生じ、木から火が生じ……」と相生説に戻っていますね。

中華民国も中華人民共和国も、五行説を迷信として採用していませんが、党旗や国旗を見る限り、影響を見てとれます。とすれば、中華人民共和国に取って代わるのは、土徳（黄）の政権となるでしょう。「黄巾の乱」が、再び起こるのか？

日本の陰陽五行説

陰陽五行説が儒学・仏教とともに日本へ伝わったのは古墳時代と思われ、記録が残っているのは継体天皇の時代（6世紀前半）、百済《くだら》から派遣された五経博士の来朝が最初です。年表5
飛鳥時代に唐をモデルとする官僚国家——律令国家体制が整備される中で、天武天皇が官僚機構として陰陽《おんみょう》寮《りょう》を設置し、天体観測と改暦、占星術の専門家を養成しました。これが陰陽師《おんみょうじ》です。
平安時代には加茂氏・安倍氏（のちの土御門《つちみかど》家）が陰陽師を世襲するようになり、道長の時代には伝説的な陰陽師・安倍晴明《あべのせいめい》が現れました。晴明は加茂氏に学び、一条天皇の病気治癒の呪法を行って名声を高め、藤原道長にも重用されました。説話文学の中で伝説化され、式神（精霊）を使って屋敷の門を自動開閉させていたという有名な逸話があります。
日本の陰陽道は、修験道《しゅげんどう》など縄文時代にさかのぼる山岳信仰とも習合して、独自の発展を遂げました。民間信仰としても深く根を張り、今でも日本各地に晴明ゆかりの寺社が残っており、京都の晴明神社はパワースポットとして若者に人気です

晴明神社

陰陽師安倍晴明公をお祀りする晴明神社本殿。左の像が安倍晴明

額に掲げられた社紋「晴明桔《き》梗《きょう》」が特徴的な晴明神社の鳥居の額。「晴明桔梗」は、「五芒星」とも呼ばれる

晴明公が念力により湧出させた井戸が、この晴明井

©画像提供：晴明神社

CHAPTER 2

火山と寒冷化

Volcanoes and Global cooling

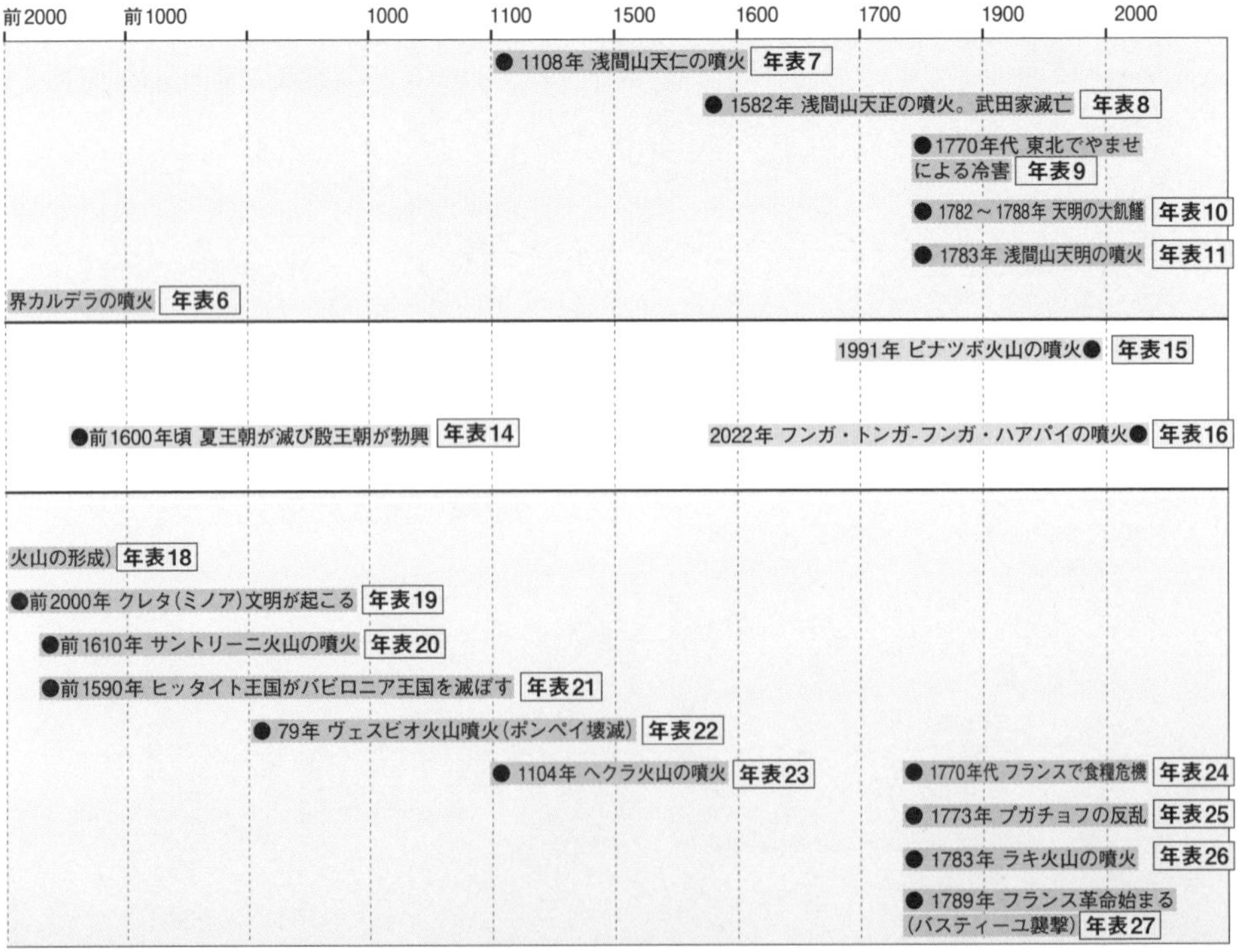

前2000
前1000
1000
1100
1500
1600
1700
1900
2000
●1108年 浅間山天仁の噴火 年表7
●1582年 浅間山天正の噴火。武田家滅亡 年表8
●1770年代 東北でやませによる冷害 年表9
●1782～1788年 天明の大飢饉 年表10
●1783年 浅間山天明の噴火 年表11
界カルデラの噴火 年表6
1991年 ピナツボ火山の噴火● 年表15
●前1600年頃 夏王朝が滅び殷王朝が勃興 年表14
2022年 フンガ・トンガ-フンガ・ハアパイの噴火● 年表16
火山の形成） 年表18
●前2000年 クレタ（ミノア）文明が起こる 年表19
●前1610年 サントリーニ火山の噴火 年表20
●前1590年 ヒッタイト王国がバビロニア王国を滅ぼす 年表21
●79年 ヴェスビオ火山噴火（ポンペイ壊滅） 年表22
●1104年 ヘクラ火山の噴火 年表23
●1770年代 フランスで食糧危機 年表24
●1773年 プガチョフの反乱 年表25
●1783年 ラキ火山の噴火 年表26
●1789年 フランス革命始まる（バスティーユ襲撃） 年表27

地球の歴史は火山噴火の歴史ともいえます。
噴火は地下の深いところで発生したマグマが
地表に噴出する現象で、
噴出の仕方や規模はさまざまですが、過去の噴出物の観察、
分析などから気候や人類の営みに多大な影響を
与えてきたことが明らかになっています。
この章では火山の噴火が地球規模でもたらした
4つの例について検証していきます。

リンク年表

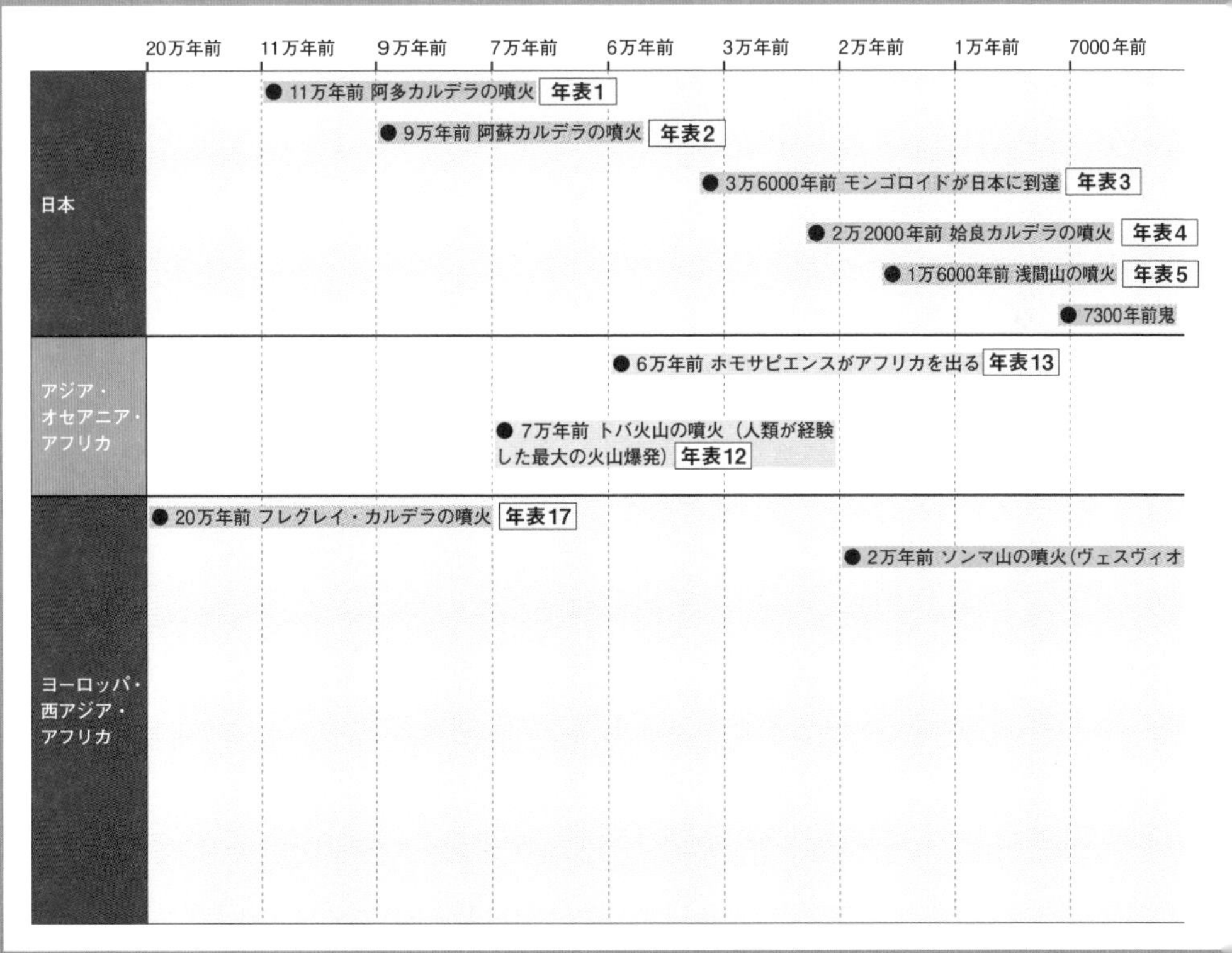

1

鬼界カルデラ噴火と縄文文化

南太平洋の島国トンガ王国で大規模な海底火山の噴火が発生したのは２０２２年１月15日でした。高度20キロ～30キロの成層圏に達して横に広がる噴煙は北海道を覆い尽くすほどの規模で、気象衛星の画像で確認できました。写真1 年表16

噴火したのは、フンガ・トンガ-フンガ・ハアパイ。海底カルデラ火山で、外輪山の山頂部が島として海水面に姿を見せていましたが、この大噴火でまた陥没が起こり、水中に没してしまいます。

また爆発の衝撃で津波が発生し、日本を含む環太平洋諸国に到達しました。太平洋地域で起こった大規模噴火としては、１９９１年に噴火したフィリピンのピナツボ火山 年表15 に次ぐもので、今後、気候変動への影響が心配されます。表1 資料1

人類が経験した過去最大の火山爆発は、スマトラ島で約7万年前に起こったトバ火山の噴火でした。年表12

この噴火でトバ火山は消滅し、噴火後の陥没地カルデラに水が溜まってできたのがインドネシア最大の湖であるトバ湖で、琵琶湖の2倍ほどの大きさがあります。

「トバ・カタストロフ理論」という学説があります。7万年前のトバ火山の破局噴火によって、大量の粉塵《ふんじん》が成層圏に達した結果、一気に寒冷化が進み、地球は最後の氷河期（ヴュルム氷期）に突入しました。それまで世界にはさまざまな種類の原人が住んでいましたが、このときの寒冷化で大半が絶滅してしまった。東アフリカに住んでいた現生人類（ホモ・サピエンス）も1万人程度にまで激減するが生き残り、このあとアフリカを出て世界を支配するようになった、という仮説です。資料2

このため、現生人類は人種の差にもかかわらず、遺伝子レベルでは非常に均質なものとなった、と説明できます。

おもしろいのは、人類が衣類を着るようになったのも、トバ・カタストロフの寒冷化を生き残る

フンガ・トンガ-フンガ・ハアパイ火山の大規模噴火

写真1

気象庁ホームページより。
JMA, NOAA/NESDIS, CSU/CIRA

火山爆発指数

表1

指数	噴出量*	噴煙の高さ	噴煙の半径	頻度	実例
0	1未満	100m未満		毎日	マウナロア
1	1	100m ～ 1km	10km未満	毎日	キラウエア
2	10	1 ～ 5km	10km未満	毎週	磐梯、西之島
3	100	3 ～ 15km	10km未満	毎年	雲仙普賢岳
4	1000	10 ～ 25km	10 ～ 100km	10年	桜島(大正)、雲仙、浅間(天明)
5	1万	25km～	100 ～ 200km	50年	セントヘレンズ、富士(宝永)
6	10万	25km～	200 ～ 500km	100年	ヴェスヴィオ、クラカタウ、ピナツボ、十和田、フンガ
7	100万	25km～	500 ～ 1000km	1000年	タンボラ、鬼界、姶良、阿蘇
8	1000万	25km～	1000km～	1万年	トバ、イエローストーン

＊VEI1を1とする

火山噴火の規模 資料1

火山噴火の規模を噴出物の量で9段階に分類した火山爆発指数（VEI）というものがあります。VEI1の10倍の規模がVEI2、VEI2の10倍の規模がVEI3、以後10倍ずつ規模が大きくなっていきます。2022年トンガの噴火はVEI6、100年に一度というレベルのものでした

火山噴火と地球の寒冷化 資料2

火山ガスに含まれる二酸化硫黄は、成層圏で紫外線に分解されて硫酸となります。この硫黄の微粒子（エアゾル）が霧のように成層圏に拡散して太陽光を妨げるため、地球の寒冷化をもたらすのです（日傘効果）。ピナツボ噴火のときには、日本の東北地方でも冷害で米不足となり、タイ米を緊急輸入したことを覚えている方も多いでしょう

ためだった、という仮説もあります。シラミのDNAの研究から、頭髪に寄宿するアタマジラミから、衣類に寄宿するコロモジラミが分化したのがトバ噴火の起こった7万年前だからです。

ヴュルム氷期は平均気温が今より5度も低く、欧州と北米では降った雨が氷床・氷河として固まって海には注がず、海水面が今より120メートルほど低かったことがわかっています。インドネシアの島々は巨大な半島（スンダランド）、南シナ海と東シナ海は陸地、日本海はほぼ湖、日本は樺太・シベリアと地続きの日本半島でした。図1

6万年前にアフリカを出た現生人類（ホモサピエンス）年表13、ユーラシア大陸を横断するうちに寒冷地に適したモンゴロイド（いわゆる「黄色人種」）となり、海沿いを大きく回って日本半島についたのが3万6000年前であることが、長野県香坂山《こうさのやま》遺跡の打製石器で明らかになっています。年表3

シベリアとアラスカの間のベーリング海峡は地続きでした。モンゴロイドの一部がベーリング地峡を渡ってアメリカ大陸にたどり着き、その子孫がアメリカ先住民（インディオ）となりました。図2

世界最古の土器は、エジプトでもメソポタミアでもなくこの東アジアで作られたことが、中国江西省の仙人洞遺跡（2万9000年～1万9000年前）、青森県の大平山元《おおだいやまもと》遺跡（1万3000年前）で出土した土器の放射性炭素年代測定で明らかになりました。

この時代、日本湖には対馬暖流が流れ込まず、青森の気温はシベリアなみの寒さでした。人々の生活を支えたのは主に漁業で、土器も海産物や木の実の煮炊きに使ったものでしょう。

この時代（縄文時代の草創期）は7000年前くらいまで続きます。この間にヴュルム氷期が終わり、海水面が上昇して対馬暖流が日本海へ注ぎ込み、ベーリング海峡も形成されてだいたい今の海岸線に近くなります。

日本海が湖だった時代の海岸線と現在の海岸線　図1

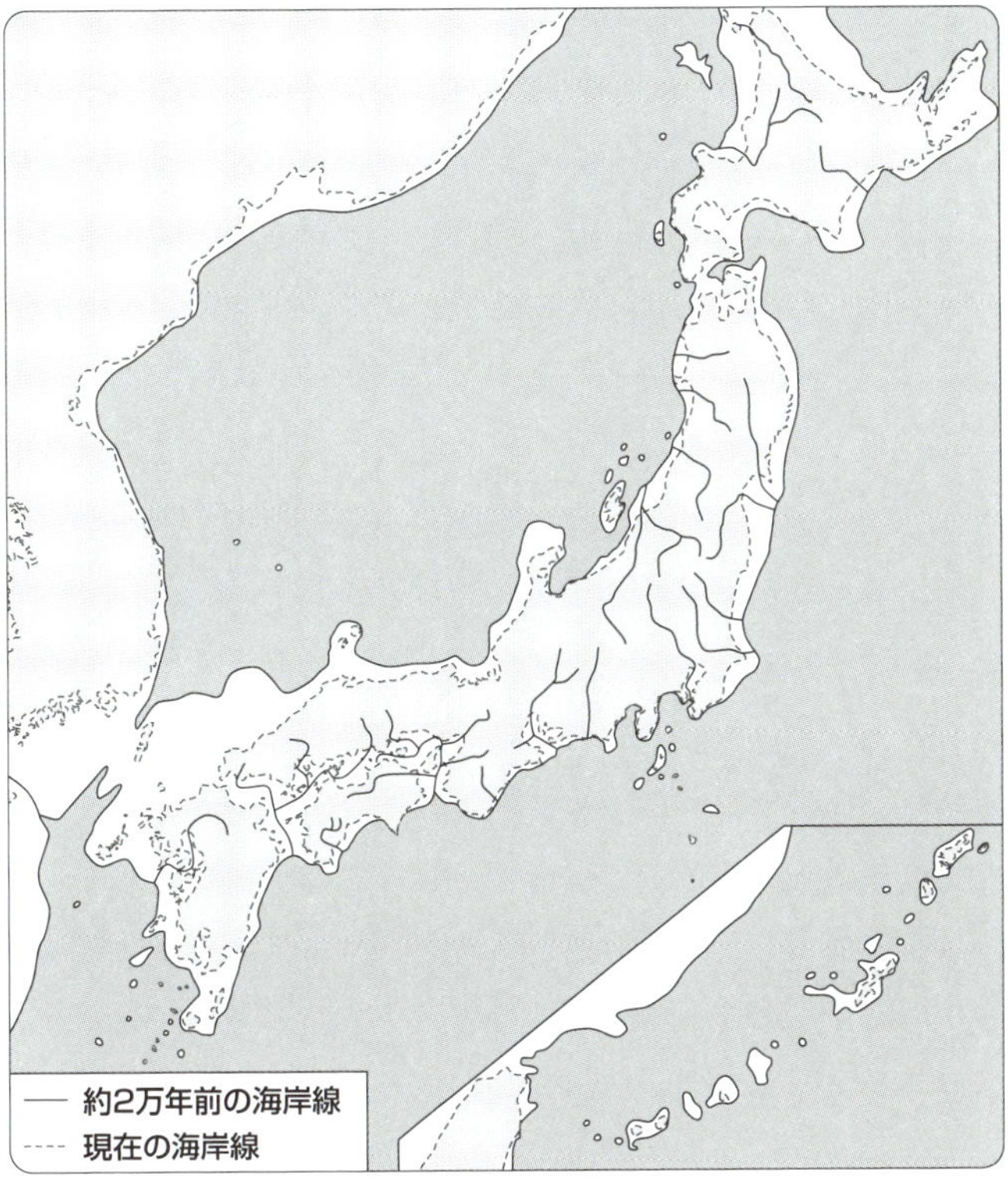

ホモサピエンスの移動　図2

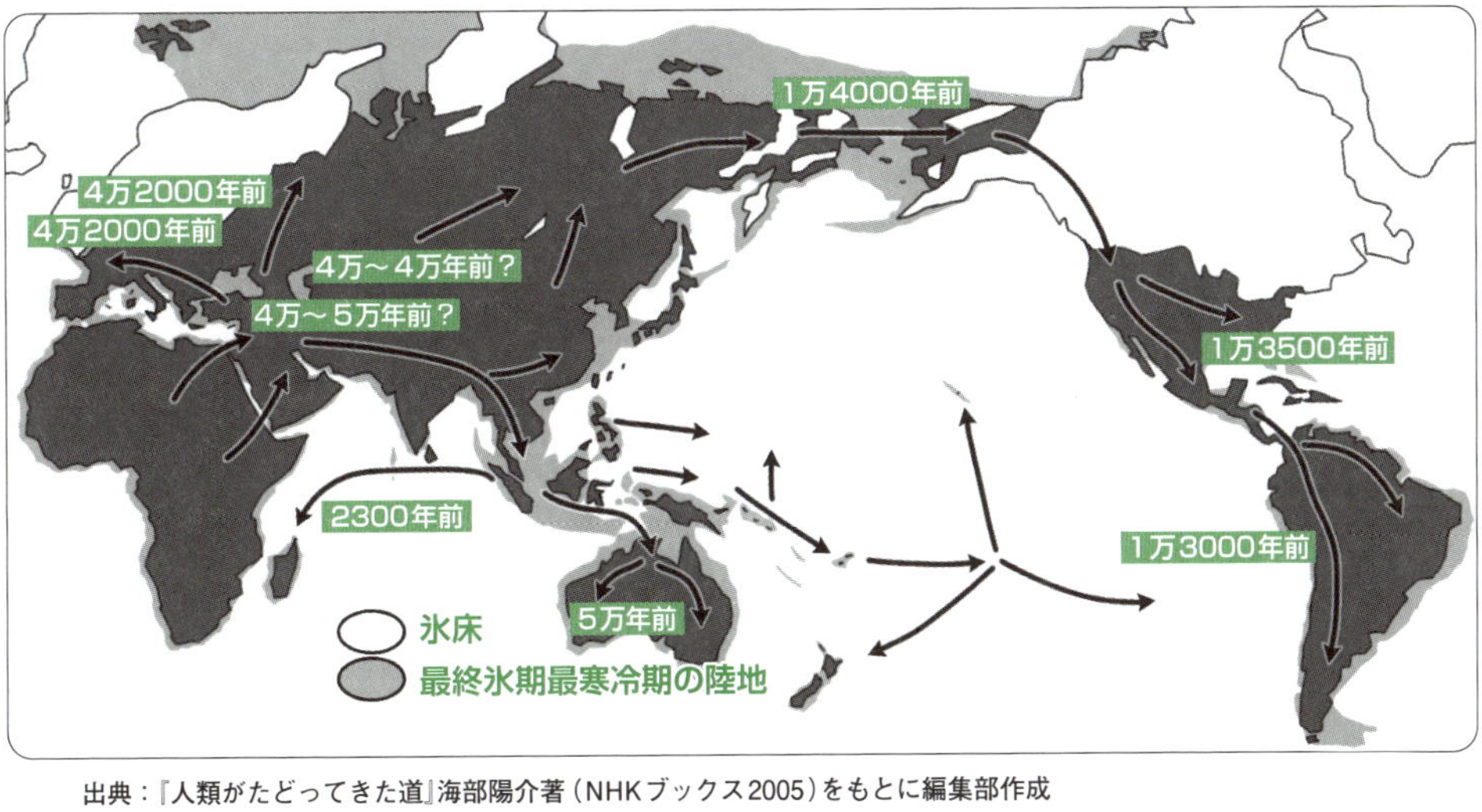

出典：『人類がたどってきた道』海部陽介著（NHKブックス2005）をもとに編集部作成

鬼界カルデラ噴火により壊滅した縄文文化

温暖化で人口が爆発的に増えるかと思いきや、約7300年前を境に西日本では縄文遺跡が激減し、東日本に人口が集中するようになります。このとき、日本列島に何が起こったのでしょうか?

鬼界カルデラの噴火です。

『平家物語』の冒頭のエピソードに登場する「鬼界が島」について、次のような描写があります。

「島の中には、高き山あり、とこしなへに（常時）火燃ゆ。硫黄と云う物満ち充てり。かかるが故に硫黄が島とも名付けたり」（『平家物語』巻二・大納言死去）資料3

これに当てはまる島として有力なのが鹿児島県の硫黄島《いおうじま》です。標高700m余りの小さな火山島は今でも常時、噴煙を噴き上げ、流れ出る硫黄のため、島の周囲の海水は黄褐色に変色しています。「黄海」が「鬼界」になったという説もあります。

この硫黄島は、実はかつて存在したカルデラ火山の外輪山の1つに過ぎません。火山全体の大きさは、阿蘇山に匹敵する巨大なものでしたが、7300年前に起こった巨大噴火で山体が吹き飛び、ほとんどが海中に没し、外輪山の山頂部分が硫黄島・竹島となって残ったのです。海底地形の調査から、かつての火山の巨大さが想像できます。図3 表2

「カルデラ」というのは「鍋」を意味するスペイン語です。火山の中心部にあるマグマが爆発で噴出したあとの巨大な空洞が陥没して、鍋のような形になったものを「カルデラ」と呼ぶのです。

鬼界が島(硫黄島)

平家打倒の「鹿《しし》ヶ谷の陰謀」に加わった俊寛らは捕われ、辺境の「鬼界が島」に流されました。仲間2名が赦免されたのちも首謀者と見なされた俊寛だけが許されず、絶望のあまり絶食して死んだという悲劇の舞台となったのが鬼界が島です

■鬼界カルデラの痕跡 図3

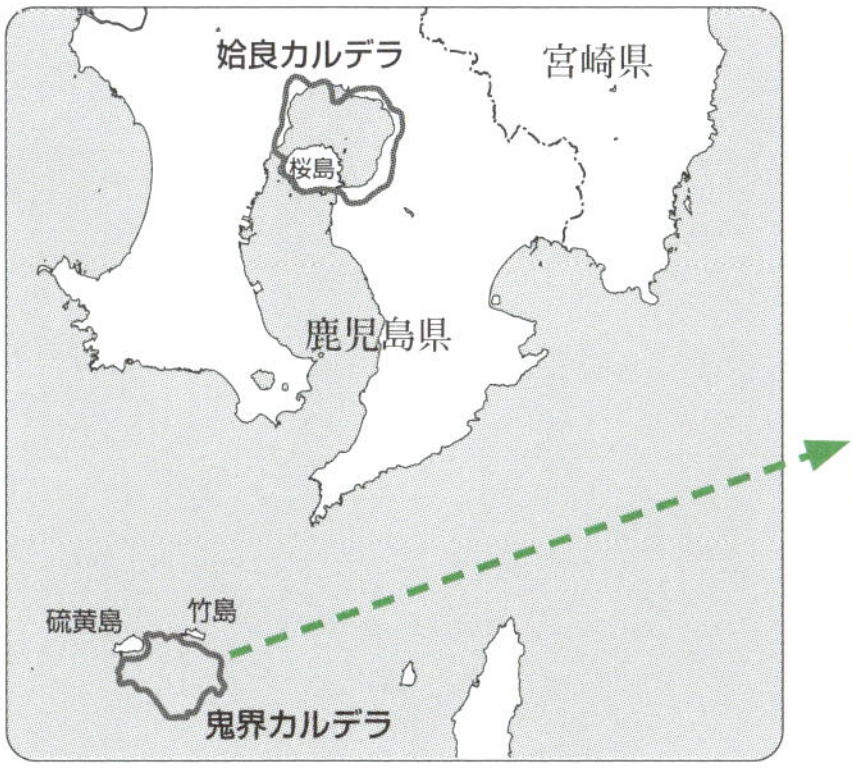

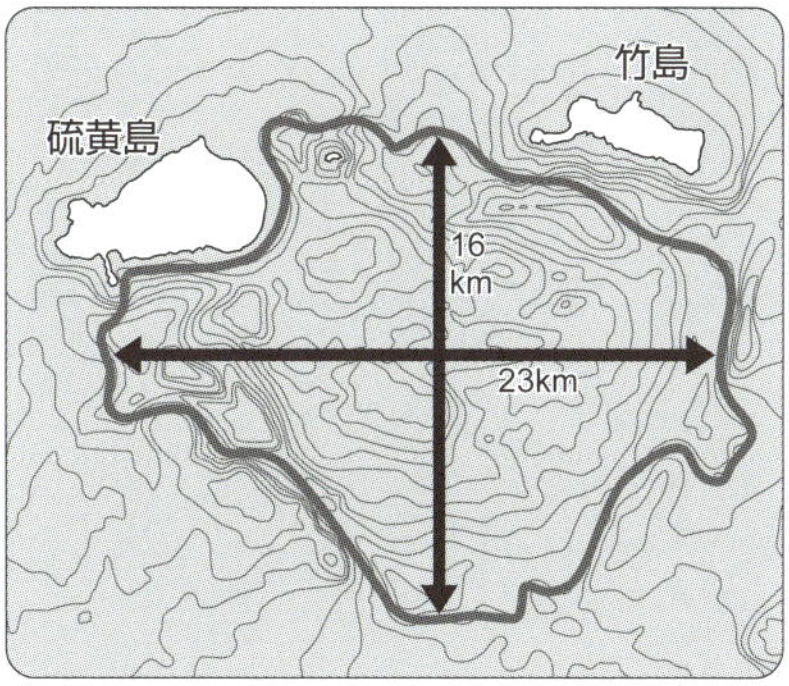

■鬼界カルデラと九州の四大カルデラ火山 表2

幻の巨大火山を「鬼界カルデラ」と名付けたのは、九州帝国大学（のち熊本大学）の地質学者・松本唯一《ただいち》博士（1892～1984）でした。松本博士は、南九州に巨大なカルデラが４つ並んでいることを明らかにしました（『九州の四大カルデラ火山』）

- **阿多《あた》カルデラ：11万年前に大噴火。鹿児島湾の南部を形成** 年表1
- **阿蘇カルデラ：9万年前に大噴火。阿蘇山を形成** 年表2
- **姶良《あいら》カルデラ：2万2000年前に大噴火。鹿児島湾の北部を形成** 年表4

阿蘇・姶良・阿多の三大カルデラの大噴火はいずれも農業開始以前の旧石器時代に起こりました。阿蘇カルデラの噴火に伴う火山灰は北海道でも10センチの降灰が確認されており、森林の枯死など、日本列島の自然環境にも大打撃を与えたと推測されますが、その具体的な影響についてはわかっていません。先述の通り、日本列島における現生人類の痕跡は3万6000年前から現れますので、姶良カルデラの大噴火による被害は受けているはずです。姶良カルデラは大噴火で山体が吹き飛び、海水が流れ込んで鹿児島湾の北半分を形成しました。今も小規模爆発を続ける桜島は、姶良カルデラの外輪山に形成されたものです。また姶良カルデラが噴き上げた大量の火山灰は、南九州に降り積もってシラス台地を形成しました

- **鬼界カルデラ：7300年前に大噴火。硫黄島・竹島を形成** 年表6

最後の鬼界カルデラの大噴火は7300年前。縄文時代の早期の終わりにあたります。すでに土器が作られ、陸稲（畑で育つ稲）の栽培も始まっていました。したがって、鬼界カルデラの噴火前と噴火後を比較し、遺跡の分布や使われた土器の形態を比較すれば、大噴火が縄文人に与えた影響を推測できるはずです

鬼界カルデラの火砕流は、海上を走って薩摩・大隅半島を焼き尽くし、火山灰は南九州で30センチ以上、紀伊半島でも20センチ以上に達しました。この火山灰は、南九州では「アカホヤ」と呼ばれる独特の地層を形成しています。より古いシラス層（姶良《あいら》カルデラの火山灰層）の上に乗っているアカホヤ層は、独特のオレンジ色が特徴です。酸化鉄（赤サビ）を大量に含んでいるのでこういう色になるのです。関東平野のローム層（富士山・箱根山・浅間山などの火山灰）も赤土ですが、同じ理由です。図4

地層は地表に近いほど新しいので、アカホヤ層の下にある遺跡は大噴火の前、上にある遺跡は大噴火の後のものとわかります。

鬼界カルデラ噴火以前の縄文遺跡からは、南九州の縄文人が高度な技術を持っていたことがわかります。

丸木舟の彫り出しに使われたと思われる「丸ノミ形石斧《せきふ》」写真2や、貝殻のへりで表面をなぞって紋様をつけた「貝殻文土器」。これらは、東南アジア方面や南西諸島方面から船で渡来した人々が伝えた文化のようです。

また、彼らはすでに屋内で使う筒形の「平底土器」写真3を作っていましたが、日本列島の他地域では尖《とが》った底を野外の地面に突き刺して使う、より原始的な「尖底《せんてい》土器」を使っていました。つまり南九州の縄文人は、すでに定住生活に入っていたことが想像できるのです。

ところが鬼界カルデラ噴火によって南九州の先進的な縄文文化は壊滅しました。森林は死滅し、動物たちも姿を消します。その影響は、2世紀以上続いたと推定されます。

ようやく森林が回復すると、本州方面から人々が移住するようになりますが、彼らが作っていたのは古いタイプの「尖底土器」でした。つまり文化レベルが数百年、後退したわけです（小田静夫「旧石器時代と縄文時代の火山災害」『火山灰考古学』新井房夫編　古今書院　1993所収）。

■鬼界カルデラ噴火の火砕流（濃緑）と火山灰降下地域（薄緑）

図4

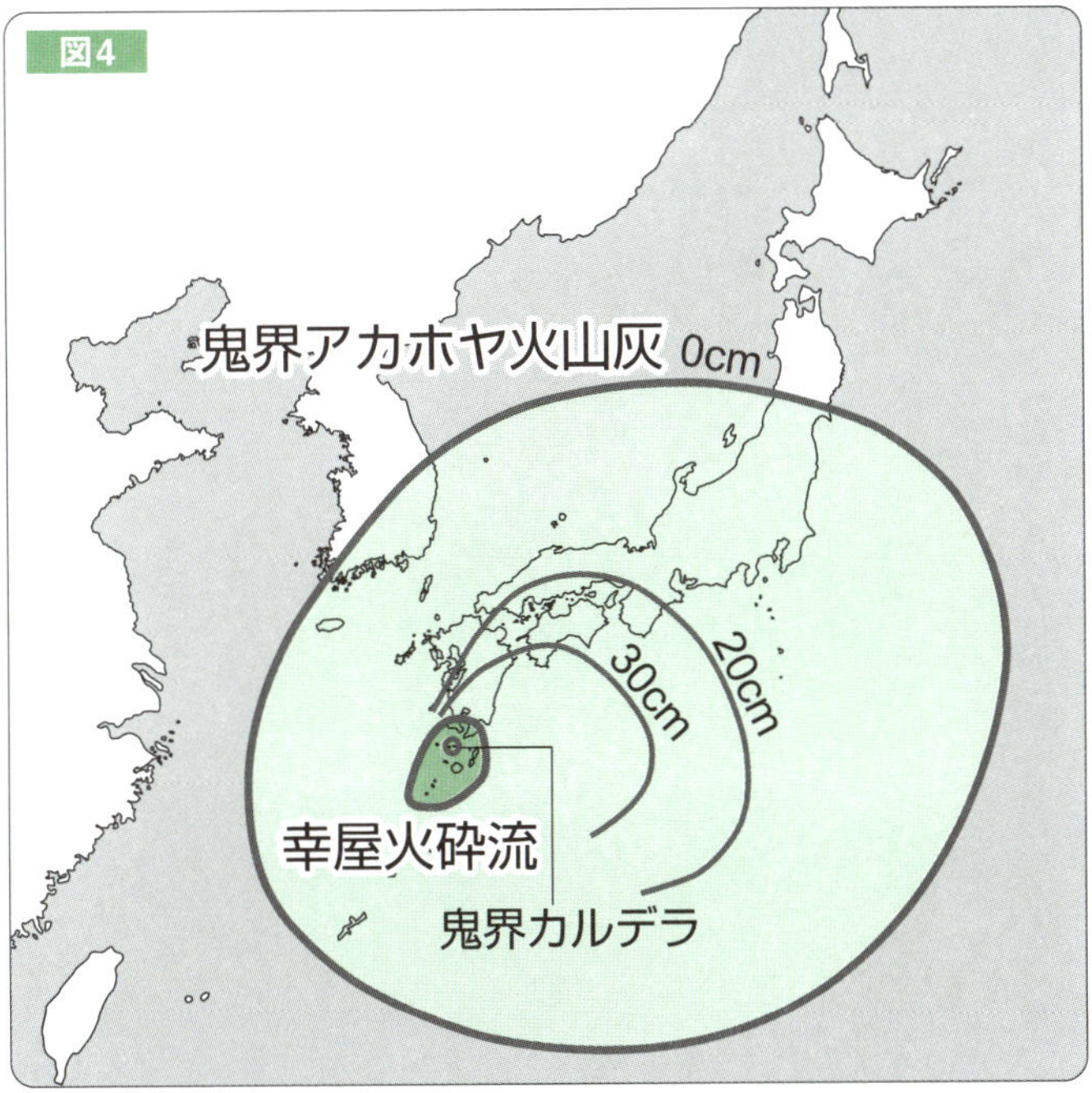

火山灰の主成分は火山ガラスで、その屈折率からどの火山のものかを判定することができます。鬼界カルデラ火山の火山灰の分布と厚みを調べることで、その噴火の影響を推測できるのです。幸屋火砕流は鬼界カルデラ大噴火の際に起こった大規模火砕流です

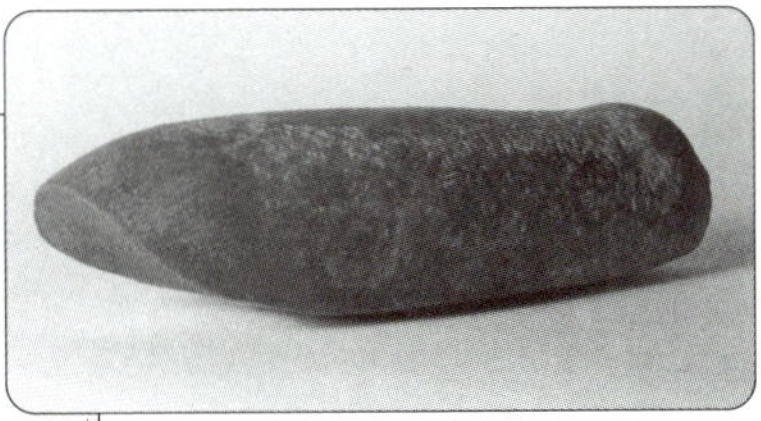

写真2

栫《かこい》ノ原遺跡出土の丸ノミ形石斧（南さつま市教育委員会所蔵）

写真3

上野原遺跡出土の筒型平底土器（鹿児島県立埋蔵文化財センター所蔵）

2 アトランティス伝説とサントリーニ噴火

ラファエロがヴァチカンに残した壁画「アテネの学堂」。その中心に描かれた哲学者プラトン 資料4 が左手に抱えている本が『ティマイオス』という作品です。プラトンは、師のソクラテスとさまざまな人物との対話という形式で思想を語りました。『ティマイオス』と続編の『クリティアス』も対話篇の代表作であり、テーマは神による宇宙創造と、理想の国家についてです。

ソクラテスに招かれた哲学者ティマイオスが祖父から聞いた話として、次のように語ります。

❶太古の昔、アテネでは最も立派で優れた種族が高度な文明を築き、地中海世界に君臨していた。
❷「ヘラクレスの柱」のかなたの強大な島国アトランティスが地中海世界に侵入し、イタリアやエジプトまで支配した。
❸アテネは、勇敢さと優れた技術によってアトランティス軍を撃退し、地中海世界を防衛した。
❹アトランティスはその後、地震と津波によって一夜にして海底に没した。
❺この話はエジプトの神官が語り伝え、それをアテネの政治家ソロンが聞き、私の曽祖父に伝えたものだ。

これが「アトランティス」という言葉の初出です。「ヘラクレスの柱」というのは、ジブラルタル海峡を挟む2つの山のこと。ギリシア神話に登場する怪力の英雄ヘラクレスが、棍棒《こんぼう》で山脈を叩き崩した結果、地中海が外側の海とつながった、という物語が由来です。写真4

その外側の大洋のことを古代ギリシア人は「アトラスの海」と呼びました。アトラスは西のかなたで天空を背負うという神話上の巨人で、この「アトラス海」という呼び名が英語の「アトランティック・オーシャン」となりました。「アトランティス」の語源も、この「巨人アトラス」から来たものでしょう。写真5 漢字表記の「大西洋」は、明代末に中国で布教したイエズス宣教師マテオ・リッチが

ジブラルタルにあるヘラクレス記念碑の柱

資料4
『ティマイオス』を持つプラトン（著者作画。原図はラファエロ「アテネの学堂」）

フランクフルト・アン・マインのアトラス・ゴッド像
写真5

作成した世界地図「坤輿《こんよ》万国全図」ではじめて使われ、日本に伝来したものです。

アトランティスは地中海にあった?

アトランティスはどこにあったのか?

『ティマイオス』、『クリティアス』をちゃんと読むと、アトランティスは大陸ではなく、小アジア(現在のトルコ)とリビア沿岸を合わせたほどの大きな島国でした。しかし大西洋の海底をいくら調査しても、そこに大きな島があった痕跡は見つかっていません。

地質学の主流となっている大陸移動説によれば、かつて大西洋は存在せず、南北アメリカ大陸とユーラシア・アフリカ大陸とはつながっていました。その証拠に、南米大陸の東海岸と、アフリカ大陸の西海岸を重ね合わせると、ぴたりと一致します。ここに裂け目が生じ、東西に大陸が移動した結果、大西洋が生まれたのです。図5

「異常な地震と洪水が何度も起こり、突如過酷な一昼夜が降りかかった時、あなた方の戦士はすべて、一度に大地に飲み込まれ、アトランティス島も同様に海に没し、姿を消したのだ。そのため今も、あの外洋は渡ることができず、探検もできなくなっている。島が沈んでできた泥土が、海面の間近まで迫り、航海の妨げになっているからである」(『ティマイオス/クリティアス』岸見一郎訳 白澤社 2015 P28-29)

アトランティスの所在地を大西洋ではなく地中海と想定すれば、どこかの島国が火山噴火か津波の影響で海中に没した、という可能性は十分に考えられるでしょう。その有力候補に挙がっているのが、サントリーニ火山の大噴火です。図6 年表20

前1610年前後に起こったサントリーニの大噴火は火山爆発指数7。鬼界カルデラと同レベルの巨大噴火でした。山体が吹き飛んで海中に没し、外輪山の山頂部分が残ったのが、現在のサントリーニ島です。アトランティス伝説は、そのときの記憶が神話化されたものかもしれません。鬼界カルデラ噴火による縄文文化の先祖返りのような現象が、東地中海でも起こったのでしょうか?

■大陸移動説

図5

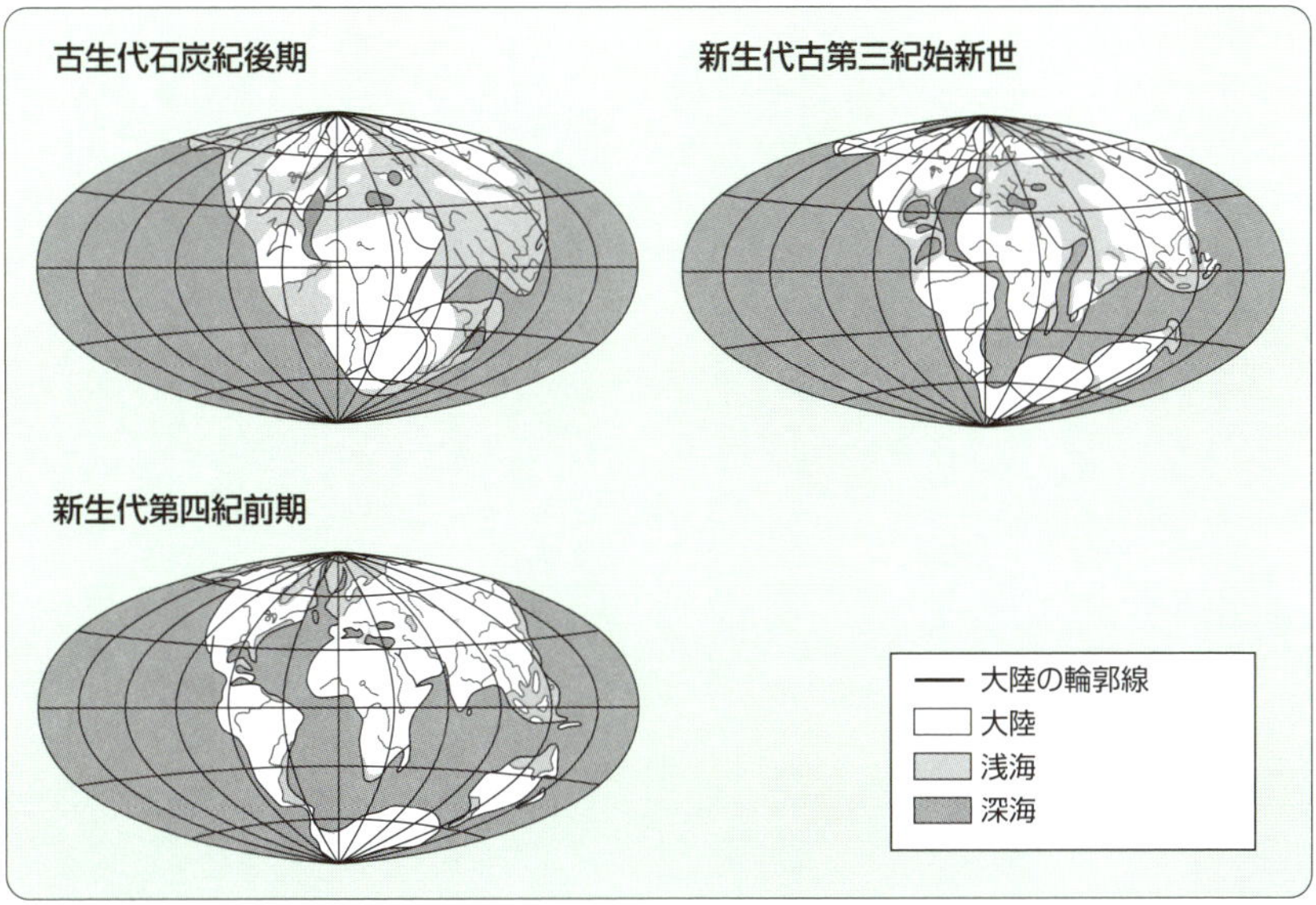

大陸移動説によると、かつて大西洋は存在せず、南北アメリカ大陸とユーラシア・アフリカ大陸とはつながっていました。ここに裂け目が生じ、東西に大陸が移動した結果、大西洋が生まれました

■サントリーニ島

図6

サントリーニ火山の位置

サントリーニ火山の痕跡

この時代、クレタ文明が開花していました。ギリシア最初の文明として知られ、神話上のクレタの建国者であるミノス王の名をとって、ミノア文明とも呼ばれます（紀元前2000頃～紀元前1550頃）。年表19

大規模な発掘調査の結果、鮮やかな壁画の描かれたクノッソス宮殿が発見され、世界史の教科書には必ず写真が載っています。海の生物をモチーフにした壁画や壺絵が多く、海洋国家としてエジプトやフェニキア（現在のレバノン）との交易で発展したことがわかります。写真6、7　文字もありましたが、まだ解読されておらず、ミノア文明の担い手についてはなにもわかっていません。

サントリーニ島（ティラ島）は、クレタ島とギリシア本土を結ぶ航路上にあり、クレタ王国の支配下にありました。当時の都市が火山灰に埋もれた状態で発見されています。このアクロティリ遺跡では舗装道路が整備され、青銅器の精錬も行われていました。写真8

この高度な文明を持った都市が、一瞬にして失われたのです。

クレタ本島は直接、火山灰に埋もれることはなかったものの、地球規模の気候変動——寒冷化の影響を免れることができず、噴火から半世紀後には急激に衰えました。

そしておそらくは同じ影響からか、現在のギリシア人の祖先たちがギリシアへ移動してきた結果、新たな文明（ミケーネ文明）を築きます。

前17世紀末のサントリーニ噴火の影響は、オリエント全体に及んでいます。小アジア（現在のトルコ）では、鉄器を独占したヒッタイト王国が台頭して領土を広げ、イラクのバビロニア王国を滅ぼします（前1590年代 年表21）。

遠く中国では最初の王朝である夏王朝が滅び、殷王朝が勃興しています。年表14　地球規模の気候変動は、大規模な移民や難民を生み出しますので、中国における殷周革命もサントリーニ噴火の余波かもしれません。今後の研究を待ちたいと思います。

発掘されたクノッソス宮殿

写真6

写真7

クレタ島のクノッソス宮殿の壁画

サントリーニ島のアクロティリ遺跡

写真8

3 ヴェスヴィオ噴火とローマ帝国

イタリアは日本同様、火山国として有名です。ヨーロッパ大陸を乗せたユーラシア・プレートの下にアフリカ・プレートが潜り込んでいるからで、この圧力で生まれたのがアルプス山脈とイタリア半島の背骨にあたるアペニン山脈です。図7

火山活動は豊かな温泉を生み出します。イタリア半島に渡ってきた古代ギリシア人は、温泉の湧き出る西海岸に新しい都市国家（ポリス）を建設し、「ネアポリス（Neapolis）」と名付けました。これがナポリ（Napoli）の語源です。当然のことながらナポリ写真9は多くの火山に囲まれており、航空写真で見ると一目瞭然です。

ナポリの東にあるヴェスヴィオ火山は、麓のローマ都市ポンペイを壊滅させたことで有名ですが、ナポリの西にあるフレグレイ平野にもたくさんの噴火口が見えますね。フレグレイとはイタリア語で「燃える」という意味なのです。図8

実は、この地域全体を覆う巨大火山がかつて存在し、石器時代にカルデラ噴火を繰り返して陥没した結果、ポッツォーリ湾が形成されたことがわかっています。

約20万年前に始まるフレグレイ・カルデラ噴火は火山爆発指数7（最大）。ヨーロッパにおける史上最大の噴火といわれます。年表17

約4万年前の噴火による気候変動は、ヨーロッパから中央アジアにかけて広がっていたネアンデルタール人の絶滅の要因になった、という説もあります。資料5

フレグレイ火山の活動が収まっていく一方で、その東にそびえていたソンマ山の活動が活発化します。約2万年前の大爆発（爆発指数5、富士宝永山レベル）によって山頂部が吹き飛び、カルデラが形成されました。年表18　このとき外輪山として残ったのが、現在のソンマ山です。さらにカルデラ中央の火口丘が盛り上がり、ヴェスヴィオ火山を形成しました。

■プレートの境界線上にあるイタリア半島　図7

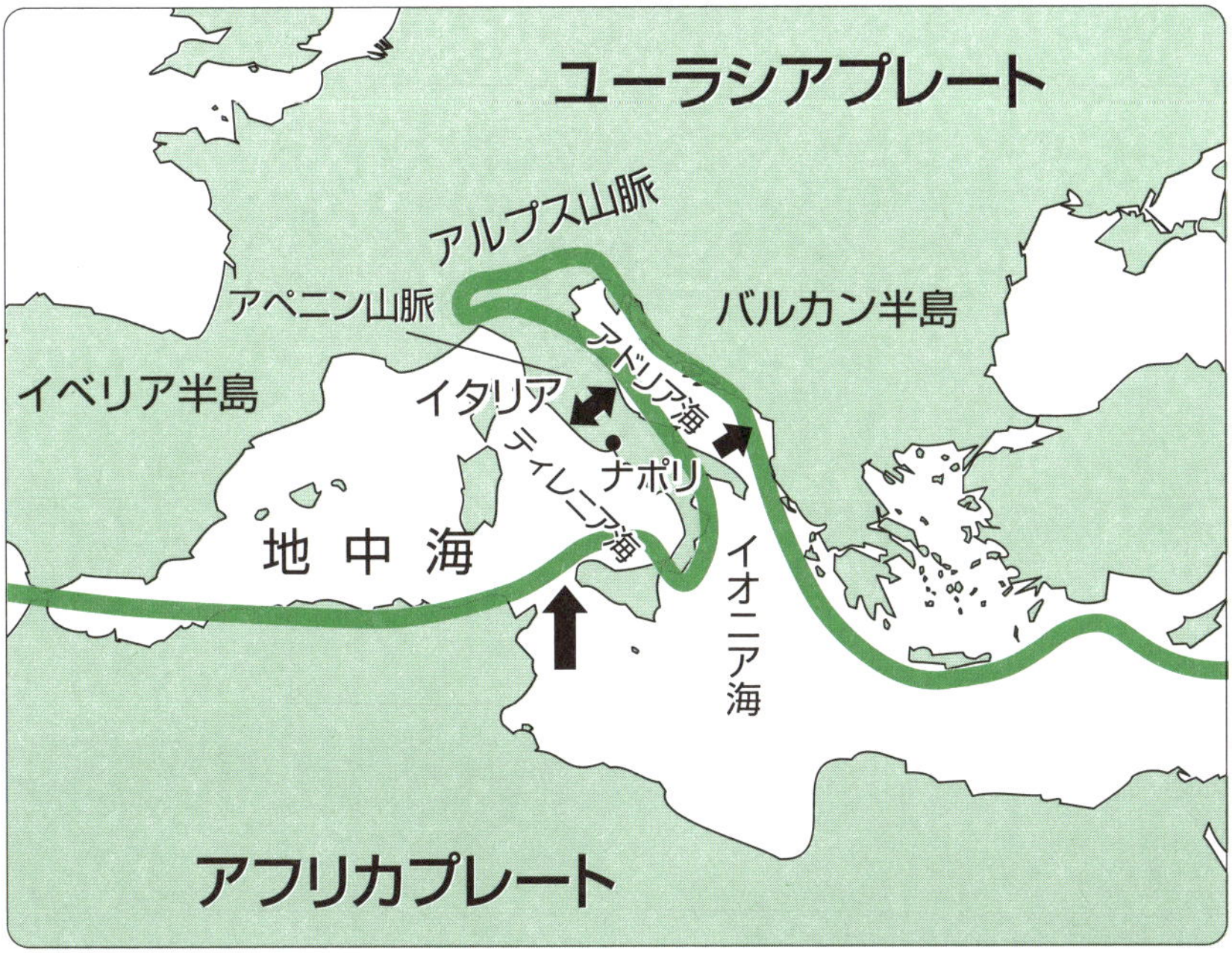

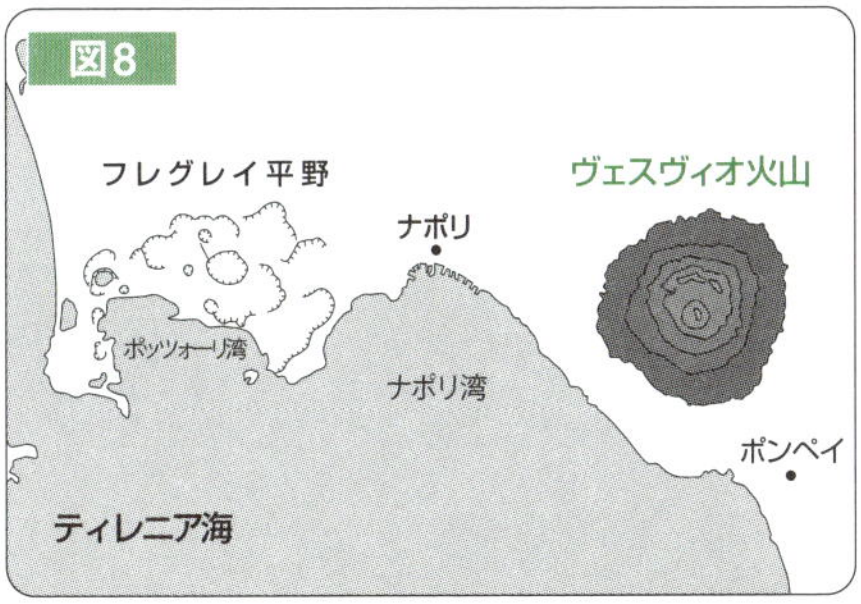

フレグレイ火山とヴェスヴィオ火山の位置関係

ヴェスヴィオ火山とナポリの街並

ネアンデルタール人の絶滅についての仮説　資料5

テキサス大学がロシアの黒海北岸で行った調査によれば、約4万年前のフレグレイ噴火の火山灰層では樹木の花粉の量が激減していることがわかりました。つまり森が死に絶え、野生動物もいなくなり、ネアンデルタール人の食糧がなくなったのです。この時期すでに出現していた現生人類は、アフリカからアジア各地に広く広がっていたので、絶滅を免れたという仮説です（「ネアンデルタール人は火山噴火で絶滅？」2010.09.24ナショナル・ジオグラフィック）

3 ヴェスヴィオ噴火とローマ帝国

西暦79年の爆発で麓のポンペイ市を壊滅させたヴォスヴィオ火山。このときの噴火については、ローマ人が詳細な記録を残しているのでよくわかっています。資料6 年表22

ヴェスヴィオ火山はその後も噴火を繰り返しました。19世紀に起こった噴火を描いたスケッチを見ると、まさにローマ人が見たのと同じような光景が描かれています。図9 この記録を書いたのはガイウス・プリニウス（小プリニウス）という18歳の若者です。入浴中以外、読書をやめなかったといわれる、学究肌で同名の叔父で養父のガイウス・プリニウス（大プリニウス）に従って、ヴェスヴィオ火山の被災者救援に向かったのです。

資料7 後世の火山学者はプリニウスの名をとって、ヴェスヴィオ火山のようなタイプの噴火を「プリニー式噴火」と名付けました。

プリニー式噴火が起こる条件は、マグマの粘性が強く、巨大な爆発エネルギーが一度に解放されること。爆発で上空に噴き上げられたマグマは、急に圧力が下がるため沸騰しながら、10キロ上空の成層圏まで達する巨大な火柱（噴煙柱）を形成します。日本の火山の多くもこのタイプです。

やがてマグマが固まって軽石や火山灰となり、今度は重みを支えきれずに火柱が崩壊し、数百度の火砕流（火山性ガス＋軽石・火山灰）となって地上を直撃します。これでは逃げ場がありません。

ヴェスヴィオ火山が見下ろすポンペイはローマに近い温泉町、保養地として、繁栄の絶頂にありました。街には巨大なホテルや公衆浴場、売春宿も並んでいました。この街が、数千人の市民や観光客とともに、おそらく一瞬で火砕流に飲み込まれたのです。

その後、千数百年間、タイムカプセルのように火山灰に閉じ込められ、火山灰の持つ乾燥剤効果により古代の壁画の鮮やかな色彩がそのまま残されました。逃げ遅れた人々の遺体は、火山灰の中で朽ち果てて空洞となり、そこに石膏《せっこう》を流し込むことで、当時の惨状が復元されています。

1886年のヴェスヴィオ噴火のスケッチ

木の幹のような巨大な噴煙が立ち上り、上空では木の枝のように横に広がっています。何やら大量の降下物も見えます。プリニー式噴火の典型。画面左側に噴出物が降下しています。大プリニウスはローマ西部艦隊司令官であり、科学者としても有名でした。古代ローマの自然科学の集大成ともいえる大著『博物誌(Naturalis historia)』により、彼の名は不朽のものとなっています

外輪山(ソンマ山)に囲まれたヴェスヴィオ火山

ローマ人によるヴォスヴィオ火山噴火の記録 資料6

「そこには雲が立ち上がっておりました。雲の形については、松の木に似ているということ以外に詳しく言い表せません。高い幹が空高く屹立し、上部では枝のように広がっておりました。上に吹き上げる突風が弱まったからか、あるいは雲自体の重みで下がってきたのか、どちらかによると思われます。雲は、土や灰の含み具合で、時に明るく、時に暗く、時にまだらに見えました」(『プリニウス書簡集:ローマ帝国一貴紳の生活と信条』国原吉之助訳　講談社学術文庫　1999)

大プリニウスの最期 資料7

ヴェスヴィオ噴火の当時は北西の風が吹いていました。風上のナポリは無事でしたが、風下のポンペイには火砕流が襲いかかりました。大プリニウスは現場を間近で見たいという思いに駆られ、船でナポリ湾を横断してポンペイ側の海岸に渡りました。空は噴煙で真っ暗になり、火山性地震が続き、濃い煙と硫黄の匂いが海岸にまで達します。逃げ惑う人々を横目に、気分が悪くなった大プリニウスは海岸に身を横たえ、動かなくなりました。3日後、戻ってきた人々はそこに、眠っているかのような大プリニウスの遺体を発見します。火山性のガスを吸い込んだことによる呼吸困難が死因であろうと考えられます。『テルマエ・ロマエ』(風呂好きの古代ローマ人が現代日本に転生する話)を大ヒットさせたイタリア在住の漫画家ヤマザキマリさんに、『プリニウス』(新潮社　2014～2023)という作品があります。ヴェスヴィオ火山の噴火と大プリニウスの生涯がテーマですので、興味のある方にはおすすめします

小プリニウス

大プリニウス

浅間山噴火とフランス革命　4

18世紀の西欧で起こった最大の事件といえば、フランス革命（1789〜99）でしょう。フランスをブルボン朝の王朝国家から近代国民国家へと変貌させた、近代の始まりともいえる出来事ですが、これに先立つ数年間、世界では恐るべき異常気象が続いていました。

江戸幕府のもと太平の世が続いていた日本では、天明の大飢饉が発生しました。年表10
「天明の大飢饉の原因が浅間山写真10の噴火であり、大規模噴火は地球レベルの気候変動を引き起こすものだから、フランス革命の遠因にもなった」という仮説について検証してみます。

浅間（あさま）神社資料8は、磐長姫《いわながひめ》をご祭神とします。富士山を祀る「浅間神社」はのちに「せんげん」神社と読むようになり、ご祭神は磐長姫の妹の木花咲耶姫《このはなさくやひめ》です。浅間山と富士山とは、神話上は姉妹の関係になっているのです。

この姉妹は大山祇《おおやまつみ》の神――「大いなる山の神」の娘です。天照大神《あまてらすおおみかみ》の孫である邇邇芸《ににぎ》が高天原から日本列島に降臨したとき、その妃として娘たちを差し出したのです。ところが邇邇芸は美しい妹の木花咲耶姫だけを娶り、そうでなかった姉の磐長姫を追い返します。怒った大山祇は、「岩のように永遠の命を持つ磐長姫を拒絶した天孫は、短命に終わるであろう」と予言します。

一方、邇邇芸に迎えられた木花咲耶姫は一晩で懐妊したため、邇邇芸は「自分の子ではないのでは？」と疑います。これを聞いた木花咲耶姫は出入り口のない建物の中に籠り、「この子が無事に生まれれば、あなたの子です」と言って火を放ちます。火の中で子供は無事に産まれ、彼女の潔白が証明されました。この「火中の出産」神話も、火山信仰と結びついたものでしょう。

「美しくはないが永遠の命を持つ」という磐長姫。まさに活火山の浅間山にふさわしい女神ですが、荒ぶる女神は、歴史上何度も人類に過酷な試練を与えてきました。

■冬の浅間山

写真10

群馬県は左（西側）を向いた犬の頭のような形をしています。この犬の口元にあるのが浅間山で、長野県との県境にあります。冬のよく晴れた日には、東京からも冠雪した荘厳な姿を遠望することができます。今も活発に続く火山活動のため、山頂付近には森がまったくありません。かつて、富士山のような美しい円錐形をしていた浅間山がカルデラ噴火を起こし、山頂部を吹き飛ばしたのが1万6000年前の大噴火（火山爆発指数６）。年表5 その後、カルデラ内の中央火口丘として形成されたのが、現在の浅間山（前掛山）です

資料8

火山の名前は古いヤマトコトバ

寺田寅彦は、アサマ（浅間）、アソ（阿蘇）、ウス（有珠）など火山の名がよく似ていることに着目し、これらが「火山」を意味する古いヤマトコトバであり、マレー語のアサプ（煙）、サモア語のアス（煙）、バヌアツ語のアソ（燃える）など太平洋諸語との類似性を指摘しています（寺田寅彦『火山の名について』青空文庫　https://www.aozora.gr.jp/cards/000042/files/2348_15305.html）

平安中期、鳥羽天皇が即位した１１０８年（天仁元年）の噴火（火山爆発指数５）年表７については、藤原宗忠《むねただ》の『中右記《ちゅううき》』にこうあります。

「天仁元年八月二十五日　寅卯時ばかり（午前３時〜７時）、東方の天の色、はなはだしく赤し」

「同年九月五日　上野《こうずけ》国の国司が進めた解状《げじょう》（報告書）にいう。国中に高山あり、麻間峯《あさまのみね》と称す。……今年七月二十一日より猛火、山峰を焼き、煙は天に達し、沙礫《されき》は国に満つ。……国内の田畠これにより滅亡す」

『興福寺年代記』には、奈良でも噴火の地鳴りが聞こえたという証言があります。

「天仁《てんにん》元年、天に声あって鼓《つづみ》の如く鳴ること数日断たず」

この天仁噴火の火山灰は上野国（群馬県）一帯の村落と耕地を埋没させ、農業に壊滅的被害を与えました。土地所有権が不明確になったため、噴火が治まると空前の再開発ブームが到来し、貴族や寺社が次々に新しい荘園を開きました（峰岸純夫「東国古代を変えた浅間天仁の噴火」『火山灰考古学』新井房夫編　古今書院　１９９３）。その影響は、北半球全体に及びます。

１１０９年以降、ヨーロッパでは冷夏と大雨が続き、深刻な飢饉が起こりました。１１１０年のイングランドの記録『ピーターバラ年代記』によれば、「５月５日の夜、明るく輝いていた月が陰り始め、やがて完全に消えてしまった」という皆既月食の記録があります。通常は月食中でも赤黒く見えるはずの月が、まったく見えなくなったのは異常で、これも火山灰の影響と考えられます。

ジュネーヴ大学の研究チームがグリーンランドの氷床を調査した結果、「１１０８年から火山性微粒子である硫酸塩が急増しており、これが太陽光線を妨げた」と推測しました。１１０４年に噴火したアイスランドのヘクラ火山 年表23 が原因とされていますが、年代に４年ほどズレがあり、１１０８年の浅間山天仁噴火がむしろ主因であったというのが結論です。資料9

浅間山・有史以降に起こった小規模以上の噴火

1108年	天仁噴火：火砕物降下 → 火砕流 → 溶岩流 → 火砕物降下・火砕流。噴火場所は前掛山。マグマ噴出量は0.62 DRE km3。（VEI5）
1128年	火砕物降下。噴火場所は前掛山。マグマ噴出量は0.28 DRE km3。（VEI4）
1596年	火砕物降下。噴火場所は山頂付近。マグマ噴出量は0.004 DRE km3。（VEI3）
1783年	天明噴火：火砕物降下 → 火砕物降下、火砕流 → 溶岩流、火砕物降下、火砕流、泥流 → 火砕流、岩屑なだれ → 泥流。噴火場所は釜山火口。マグマ噴出量は0.51 DRE km3。（VEI4）
1908～14年	鳴動または降灰。噴火場所は釜山火口。マグマ噴出量は0.00013 DRE km3。（VEI1）
1929～32年	火砕物降下。噴火場所は釜山火口。マグマ噴出量は0.00012 DRE km3。（VEI1）
1934～37年	火砕物降下。噴火場所は釜山火口。マグマ噴出量は0.00024 DRE km3。（VEI1.4）
1938～42年	火砕物降下。噴火場所は釜山火口。マグマ噴出量は0.0002 DRE km3。（VEI1.3）
1947年	火砕物降下。噴火場所は釜山火口。マグマ噴出量は0.00004 DRE km3。（VEI1）
1950～51年	火砕物降下。噴火場所は釜山火口。マグマ噴出量は0.00004 DRE km3。（VEI1）
1958～59年	火砕物降下、火砕流。噴火場所は釜山火口。マグマ噴出量は0.00022 DRE km3。（VEI1）
1961年	火砕物降下、火砕流。噴火場所は釜山火口。マグマ噴出量は0.00004 DRE km3。（VEI1）
1973年	火砕物降下、火砕流、泥流。噴火場所は釜山火口。マグマ噴出量は0.00044 DRE km3。（VEI2）
1982～83年	火砕物降下、火砕流、泥流。噴火場所は釜山火口。（VEI0.9）
2004年	火砕物降下。噴火場所は釜山火口。マグマ噴出量は0.00006 DRE km3。（VEI1）
2009年	火砕物降下。噴火場所は釜山火口。マグマ噴出量は0.00001 DRE km3。（VEI1）

（気象庁HPより抜粋。
https://www.data.jma.go.jp/vois/data/tokyo/306_Asamayama/306_history.html）

資料9

グリーンランドにも及んだ浅間山噴火の影響

「現代の日本の観測者によって信頼できる形で記録されている浅間山が、グリーンランドの硫酸塩上昇の納得できる原因と考えられる。年輪気候学と史料は、噴火後の深刻な気候異常を証明しており、西ヨーロッパが1109年～1111年に経験した生存の危機をもたらした環境変化を提供している可能性がある」（Climaticand societal impacts of a “forgotten” cluster of volcanic eruptions in 1108-1110CE: Nature, scientific reports 10, Article number:6715（2020） https://www.nature.com/articles/s41598-020-63339-3）

これと同じことが、江戸時代の天明の浅間山噴火でも起こったのでしょうか？

天明年間（１７８０年代）は江戸時代中期、名君と呼ばれた八代将軍・徳川吉宗の孫、家治《いえはる》の時代です。開明派の経済官僚・田沼意次《おきつぐ》を老中筆頭とし、下総国（千葉県北部）の印旛《いんば》沼の干拓、蝦《え》夷《ぞ》地（北海道）開発など積極財政が行われました。

「田沼時代」は、同時期のフランス・ブルボン朝やロシア・ロマノフ朝が採用していた重商主義政策――国家が商工業を育成し、経済成長を図る政策――とよく似た政策をとっていました。

天明３年（１７８３）４月13日（新暦、以下同じ）、青森の最高峰である岩木山が水蒸気爆発を起こします。同年８月３日には浅間山が大噴火を起こし（火山爆発指数４）、関東・東北に火山灰を降らせ、噴煙は成層圏に達しました。ヴェスヴィオ火山と同じ、プリニー式噴火です。年表11

天明の浅間噴火については多くの記録が残っています。「寛政の改革」を行った老中として有名になる松平定信は、このとき白川藩（福島県）の藩主でした。定信の自伝『宇下人言《うげのひとこと》』にも浅間山噴火前後の記録があります。資料10

このとき浅間山の北側に降り積もった火砕流が崩壊して流れ下った結果、火口から８キロにわたって溶岩が累々と続く「鬼押出し《おにおしだし》」と呼ばれる奇観を作り出しました。

「鬼押出し」のさらに北にある鎌原《かんばら》村（現在の群馬県嬬恋《つまごい》村）は土石流に飲み込まれ、人口５７０人中、実に４７７人が犠牲となりました。

１９７９年に始まる発掘調査で、噴火直後の様子が明らかになり、「日本のポンペイ」ともいわれます。観音堂に登る階段では、若い女性が高齢の女性を背負ったまま力つきた様子が、そのままの姿で発見されました。

この階段は今では15段ですが、天明噴火の前は50段ありました。発掘調査は２０２１年に再開され、さらなる発見が期待されています。

天正噴火と武田家滅亡　年表8

長篠の戦い(「長篠合戦図屏風(部分)」。長浜市長浜城歴史博物館所蔵)

戦国時代の天正10年(1582)、織田信長と徳川家康の連合軍は、甲斐国(山梨県)に攻め込みました。7年前、長篠《ながしの》の戦いで重臣の多くと騎馬隊を失っていた武田勝頼。父・信玄のようなカリスマ性に欠け、配下の武将たちが次々に信長側へと寝返り、武田家中は動揺します。まさにそのとき、背後で浅間山が噴火しました。2月11日に始まる天正噴火は、武田家の滅亡を天が知らせたものと解釈されました。1カ月後の3月11日、天目山《てんもくざん》の戦いに敗れた武田勝頼は、16歳の息子・信勝ともども自害し、名門・武田家はここに滅びました。その3カ月後、今度は織田信長が本能寺の変で倒されます。浅間山の天正噴火は、実は信長への警告だったのかもしれません

松平定信の自伝『宇下人言』にある浅間山噴火前後の記録　資料10

「明くれば天明三年なり。このとしは、春は雨まれにして、四月のころより雨ふりつづき、八、九月のころまで陰雨連日にして、夏伏陰ありて、朝顔なども蔓《つる》ものび侍《はべ》らずかじけたり。皆人うれう」

4月から9月まで長雨が続き、夏になってもスカッと晴れず、朝顔のツルも伸びず萎んでしまうので、皆が心配した、という意味です。浅間山噴火の前から、異常な冷夏だったことがわかります。

「二年ほどへて安中《あんなか》・館林《たてばやし》の辺《へ》に行きしものに聞きしに、『いまに万山枯木のみにして、灰のふりける山は白妙に雪降り積めるにことならず。鳥居のかさき屋の棟なんど、はつか《わずか》灰の中より見ゆるなんど侍りし』となり」

2年後になっても、上野(群馬県)の安中・館林あたりでは雪が積もったように火山灰に覆われ、すべての森は枯れ、神社の鳥居の笠木(最上部の横木)だけが灰の中から突き出ているありさま。

「この時の人の死亡せし、何十万という事なかりしなり。『古河の辺の川へ死人の流れ行くさえ数えがたく侍りし』とは云いしなり」(松平定信『宇下人言』P. 241　『日本人の自伝・別巻1』平凡社　1982所収)

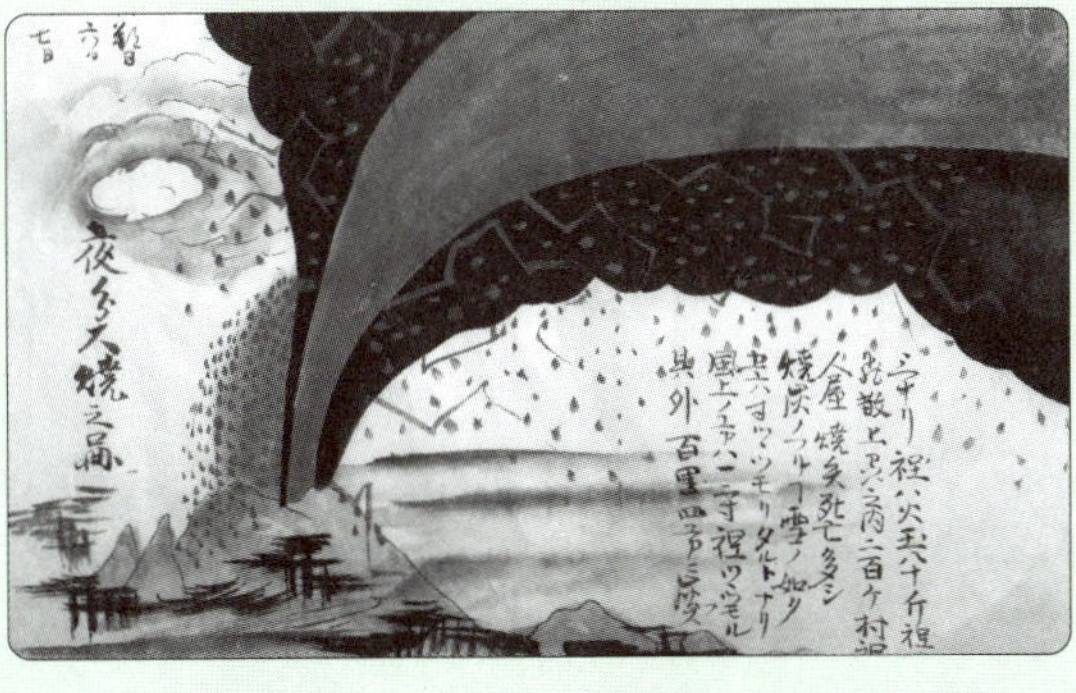

「浅間山夜分大焼之図」(美斉津洋夫氏所蔵。長野原町営浅間園提供)

直接的な被害に加え、成層圏に達した火山灰が太陽光を遮り、異常気象に拍車をかけました。東北諸藩ではコメが壊滅的被害を受け、飢饉が始まります。資料11

浅間山噴火と同じ１７８３年６月、アイスランドのラキ火山 写真11 が８００年ぶりに大噴火を起こし、翌年まで続きました（火山爆発指数６）。年表26 大量の火山性ガスが付近の羊の80パーセント、牛馬の50パーセントの命を奪います。氷河が溶けたことによる洪水と、これに続く飢饉により住民の21パーセントを餓死させています。

北西風に乗った火山灰はヨーロッパ大陸でも観測され、「ラキのもや」、「砂の夏」と呼ばれました。太陽は血の色となり、小石のような大粒の雹《ひょう》が降り、硫黄化合物を吸い込んだ人々が呼吸困難になり、欧州各国で死亡率が2、3倍に跳ね上がっています。翌年には北米大陸も寒波に襲われ、ミシシッピ川が凍り、メキシコ湾に氷が浮かびました。資料12

12世紀（平安時代）の浅間山噴火のときも、アイスランドのヘクラ火山が同時噴火しています。これが偶然なのかどうか、よくわかりません。

フランスではすでに１７７５年から穀物高騰に不満を持つ暴動が続発し、王宮を群衆が取り囲んでいます。しかし国王ルイ16世はすぐに対応せず、同年に始まるアメリカ独立戦争を支援するため軍事介入し、国費を浪費させました。年表24

財務長官ネッケルが立案した財政改革案は、貴族などの経済的特権を剥奪するものだったため激しい抵抗にあい、中途半端に終わります。

結局、民衆の不満はブルボン家に向かい、パリ市民のバスティーユ襲撃（１７８９）からフランス革命が勃発したのです。年表27

１７８３年の浅間山とラキ火山の同時噴火が異常気象に追い討ちをかけ、事態を深刻化させたことは間違いありません。しかしその10年前から、北半球全体で何かが起こっていたのです。資料13

資料11

杉田玄白
(1733～1817)

津軽弘前《ひろさき》藩(青森県)公式記録『国日記』によれば、人口20万人の3分の1にあたる8万人が餓死。東北地方全体では30万人が餓死したと推定されます。江戸で開業していた蘭学医・杉田玄白が随筆『後見草《のちみぐさ》』で伝える天明の大飢饉の伝聞は、極限状態の中で人間性が破壊されていく様子を生々しく描いています。「もともと貧乏だった者は生計の手だてもなく、父子・兄弟を見捨てて、わが身だけはと他領にさまよい出て窮状を訴えて食を求めるのだった。しかし、行く先々どこへ行っても同じように飢饉に見舞われていたから、他郷の者には目もくれず、一握りの飯を与えるものもなかった。だから、毎日毎日、千人、二千人とこうした流民は餓死していったということである」(杉田玄白「後見草」楢林忠男訳『日本の名著22』芳賀徹編　中央公論社　1984)

資料13

日本の東北地方でも安永年間(1770年代)から「やませ」による冷害が始まっており、フランスにおける食糧危機と符合します。 年表9 同時期のロシアでは、最後のコサック反乱と言われるプガチョフの反乱(1773～75)も起こっています。 年表25 その原因がエルニーニョ現象であり、太陽の黒点とも関係する、という仮説があります

■アイスランドのラキ火山　写真11

資料12

ラキ火山大噴火の北米への影響

ベンジャミン・フランクリン
(1706～1790)

アメリカの外交官で科学者でもあるベンジャミン・フランクリンはこう書いています。「一七八三年の夏の数カ月間、北半球を加熱する太陽光線の影響が最大であるべきときに、ヨーロッパ全体と北アメリカの大部分を霧が覆った。この霧は晴れることがなく、乾燥していて、太陽光線がそれを消散させる効果はほとんどないようだ。……当然、夏の太陽が地球を暖める効果は激減し、地表はあっという間に凍りついた。初雪も溶けずに残り、すぐに降り積もった。空気はより冷たく、風はより厳しく冷たくなった。一七八三、八四年の冬は、これまでのどの冬よりも厳しいものだった」(ベンジャミン・フランクリンMeteorological Imaginations & Conjectures https://founders.archives.gov/documents/Franklin/01-42-02-0184)

CHAPTER 3

地球温暖化と寒冷化

Global warming and Global cooling

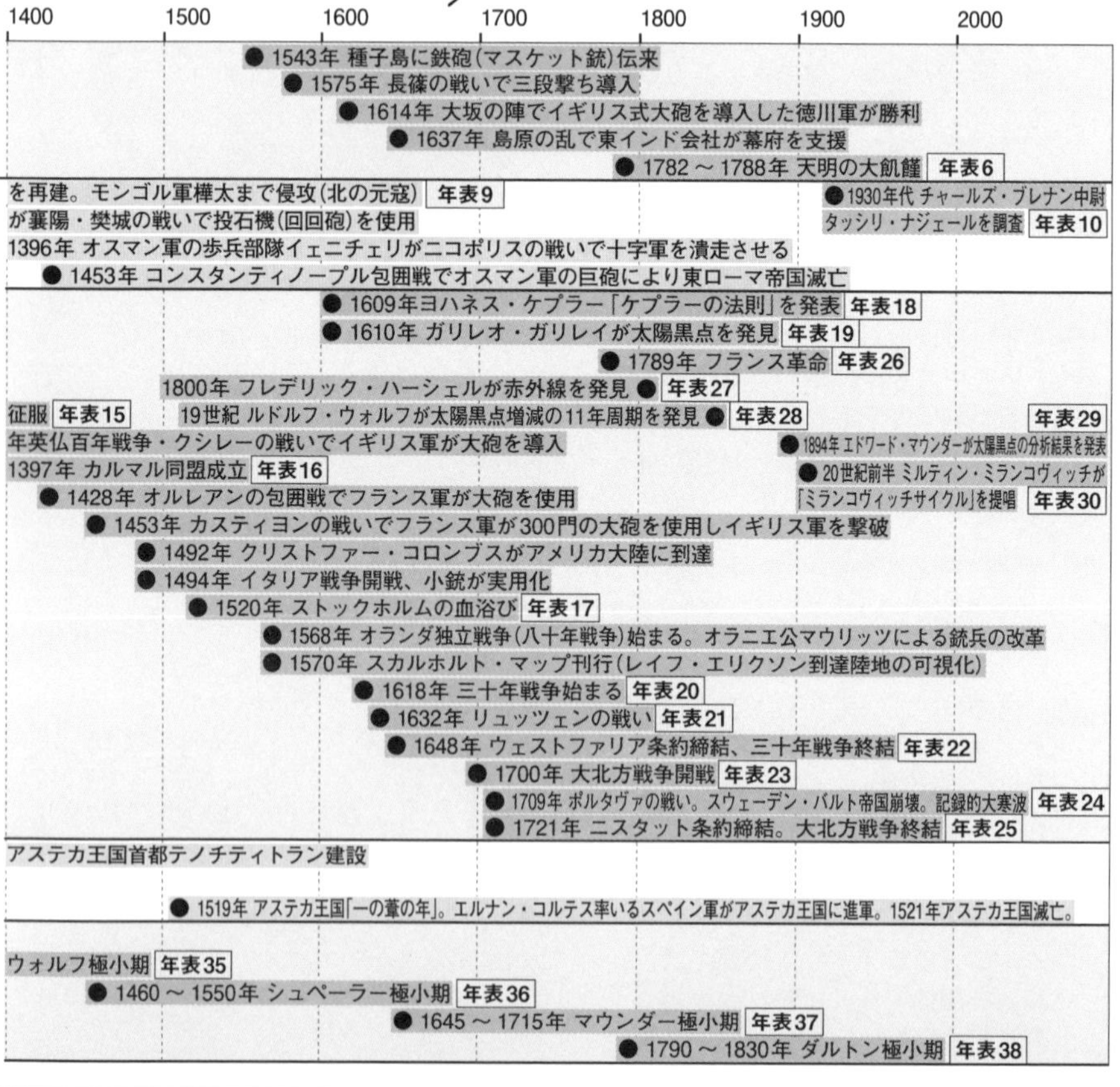
1400
1500
1600
1700
1800
1900
2000
1543年 種子島に鉄砲(マスケット銃)伝来
1575年 長篠の戦いで三段撃ち導入
1614年 大坂の陣でイギリス式大砲を導入した徳川軍が勝利
1637年 島原の乱で東インド会社が幕府を支援
1782～1788年 天明の大飢饉 年表6
を再建。モンゴル軍樺太まで侵攻(北の元寇) 年表9
が襄陽・樊城の戦いで投石機(回回砲)を使用
1930年代 チャールズ・ブレナン中尉
タッシリ・ナジェールを調査 年表10
1396年 オスマン軍の歩兵部隊イェニチェリがニコポリスの戦いで十字軍を潰走させる
1453年 コンスタンティノープル包囲戦でオスマン軍の巨砲により東ローマ帝国滅亡
1609年ヨハネス・ケプラー「ケプラーの法則」を発表 年表18
1610年 ガリレオ・ガリレイが太陽黒点を発見 年表19
1789年 フランス革命 年表26
1800年 フレデリック・ハーシェルが赤外線を発見 年表27
征服 年表15
19世紀 ルドルフ・ウォルフが太陽黒点増減の11年周期を発見 年表28
年表29
年英仏百年戦争・クシレーの戦いでイギリス軍が大砲を導入
1894年 エドワード・マウンダーが太陽黒点の分析結果を発表
1397年 カルマル同盟成立 年表16
20世紀前半 ミルティン・ミランコヴィッチが
「ミランコヴィッチサイクル」を提唱 年表30
1428年 オルレアンの包囲戦でフランス軍が大砲を使用
1453年 カスティヨンの戦いでフランス軍が300門の大砲を使用しイギリス軍を撃破
1492年 クリストファー・コロンブスがアメリカ大陸に到達
1494年 イタリア戦争開戦、小銃が実用化
1520年 ストックホルムの血浴び 年表17
1568年 オランダ独立戦争(八十年戦争)始まる。オラニエ公マウリッツによる銃兵の改革
1570年 スカルホルト・マップ刊行(レイフ・エリクソン到達陸地の可視化)
1618年 三十年戦争始まる 年表20
1632年 リュッツェンの戦い 年表21
1648年 ウェストファリア条約締結、三十年戦争終結 年表22
1700年 大北方戦争開戦 年表23
1709年 ポルタヴァの戦い。スウェーデン・バルト帝国崩壊。記録的大寒波 年表24
1721年 ニスタット条約締結。大北方戦争終結 年表25
アステカ王国首都テノチティトラン建設
1519年 アステカ王国「一の葦の年」。エルナン・コルテス率いるスペイン軍がアステカ王国に進軍。1521年アステカ王国滅亡。
ウォルフ極小期 年表35
1460～1550年 シュペーラー極小期 年表36
1645～1715年 マウンダー極小期 年表37
1790～1830年 ダルトン極小期 年表38

CHAPTER 3では、地球に気候変動をもたらす自然要因である
太陽の活動、地球の自転・公転、
大気の循環が地球にもたらした影響とその移り変わり、
さらには地球の温暖期や小氷期といわれる時期の人類の行動様式、
といった事象を切り口に地球温暖化と寒冷化を分析、
太陽と地球の関係をあらためて考察します。

リンク年表

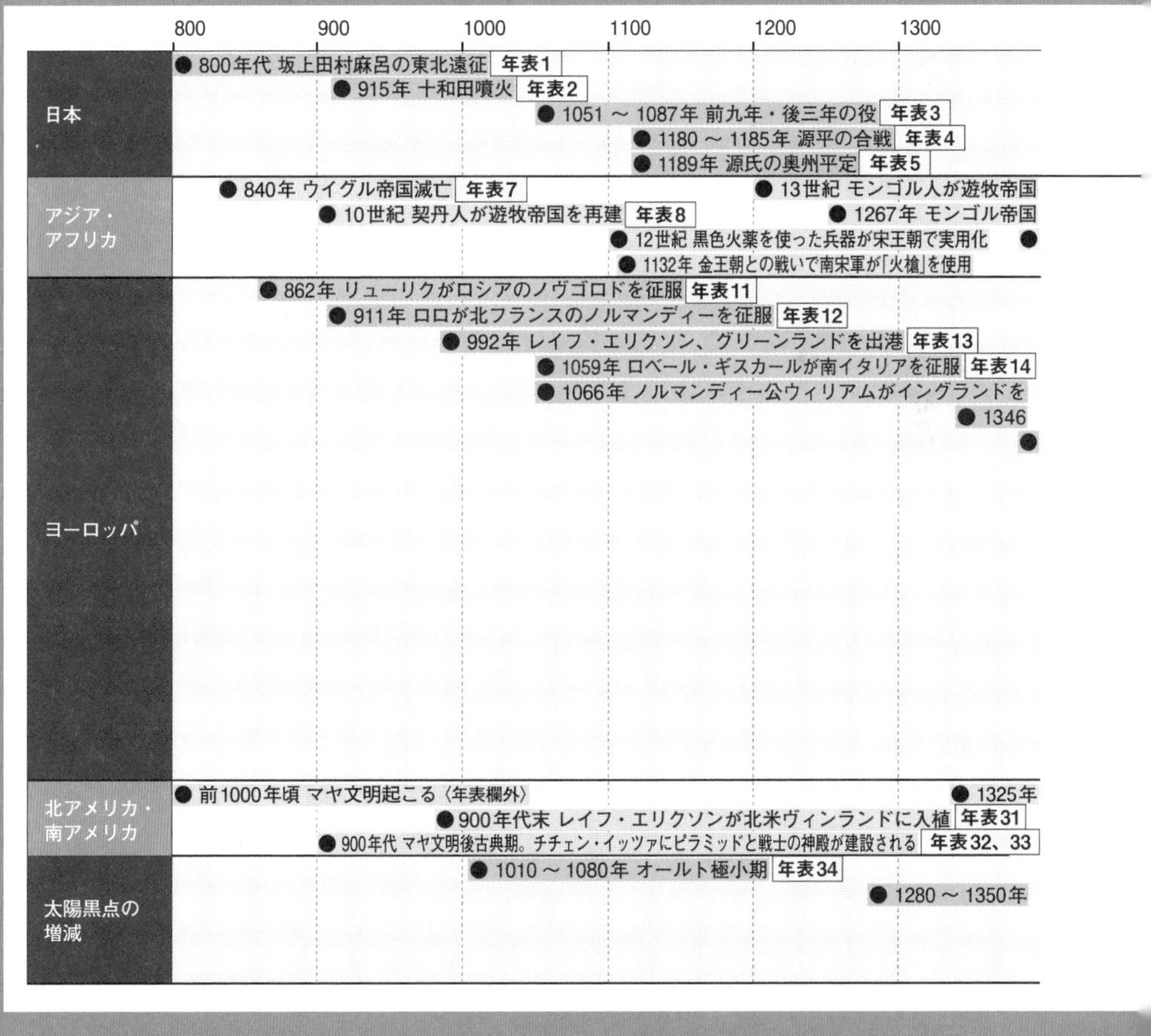

気候変動の自然要因 1

強烈な光と熱を発することから、古来、人類は「太陽が燃えている」と考えてきました。太陽の表面に黒点（sunspot）が生じることは、すでに古代人は知っていました。大きな黒点であれば、日没時や月食時に肉眼で確認できるからです（肉眼黒点）。

古代中国人はこれを、太陽に住む3本足のカラス（三足烏《さんぞくう》）と考えました。資料1 陰陽五行説では、奇数の3は男性原理の太陽（陽）を、偶数は女性原理の月（陰）を意味します。高句麗《こうくり》の貴族の古墳からも、太陽の中に3本足のカラスを描いた壁画が見つかっています。資料2

日本神話では、太陽神・天照大神の子孫とされる神武天皇が、太陽を背に熊野から大和《やまと》を攻めたとき道案内をしたのが3本足の八咫烏《やたがらす》でした。

奈良県明日香村のキトラ古墳の天井には星座が、その下には月と太陽が描かれており、太陽の中には八咫烏が描かれています。資料3

ところで、古代エジプトのラー、ギリシア・ローマのアポロン（アポロ）、インドのスーリヤもしくはヴィシュヌ、アステカのトナティウ、インカのインティ、いずれも太陽神は男神です。ところが日本神話では天照大神はなぜか女神とされています。いったいどういうことでしょう？

これについてはおもしろい仮説があります。

もともと天照大神は男神で、太陽神あるいは天空神を意味していました。この男神天照に仕える巫女《みこ》を大日孁貴《おおひるめのむち》と呼び、山に降臨して蛇の姿に変身した男神が巫女さんと結ばれる神婚神話が各地に残っています。伊勢では、この巫女さんが神格化され、太陽神そのものと習合されて、女神に変化したというものです。このような太陽神の「性転換」は7世紀後半の女帝・持統天皇の時代に起こったようです。それはこの女帝を神格化するのに好都合だったからです（筑紫申真《のぶざね》『アマテラスの誕生』講談社学術文庫　2002）。

資料1

漢代の王墓の壁画に描かれた三足烏（河南省の漢代墓　著者作画）

資料2

三足烏

高句麗古墳の壁画に描かれた三足烏（吉林省集安の五盔《かい》墳五号墓　著者作画）

八咫烏

熊野那智大社の八咫烏。八咫烏は、日本サッカー協会（ＪＦＡ）のエンブレムにも描かれています。日本神話で勝利の象徴であり、日本サッカーの祖とされる中村覚之助（明治11～39）が熊野出身だったことにちなんでいます

資料3

奈良県明日香村のキトラ古墳に描かれた八咫烏（著者作画）。キトラ古墳は７世紀後半の天武天皇の皇子、あるいは側近の墓と推定されています。「八咫」の「咫《あた》」は長さの単位で、指を広げたときの親指と人差し指の幅を意味します。三種の神器の１つ「八咫鏡《やたのかがみ》」は「直径が八咫の鏡」という意味です

中世の西洋やイスラム世界には、黒点観測の記録はほとんどありません。宇宙秩序の完全性を求めるプトレマイオス天文学の影響が強く、黒点という説明のつかない「汚れ」が太陽に現れることには、あえて言及しなかったのかもしれません。

イタリアの天文学者ガリレオ・ガリレイは自作の望遠鏡を作製し天体に向けました。ここから近代天文学が始まります。資料4、5

ガリレオの発見は、月面のクレーター、金星の満ち欠け、火星表面の模様、木星の四大衛星（ガリレオ衛星）、土星の環など多岐にわたりますが、太陽黒点の発見者の一人もガリレオです。年表19

ドイツの天文学者クリストフ・シャイナーがほぼ同時期に黒点発見に関する論文を発表したため、ガリレオと論争になっています。

しかし、シャイナーが黒点を、太陽を回る小天体だと考えたのに対し、ガリレオは太陽表面の模様と考え、約1カ月で黒点が1周することから、太陽の自転を説明しました。

結果的にガリレオの推測が正しかったわけですが、地動説を展開して脚光を浴びたガリレオの『星界の報告』に黒点の図資料6が掲載され、広く知られるようになったのです。

目を焼かれて失明する恐れがあるため、太陽を直接望遠鏡で見るのは大変危険です。太陽観測では、望遠鏡で拡大された太陽の画像を白い板に投影します。すると、丸い太陽の映像の上にゴマをまいたようなつぶつぶが確認できます。これが太陽黒点です。

18世紀、フランス革命期に活躍したドイツの天文学者フレデリック・ハーシェル資料7は、太陽光をプリズムに通してスペクトラムを分析し、赤色の外側の光が見えない部分で温度が上昇することを発見しました。これが赤「外」線の発見です。年表27その一方で、赤熱した分厚い雲の下にある太陽本体は冷えた岩石でできており、地球と同じような生命がいると空想しました。まだ恒星（ガス状の天体）という概念がなかったのです。

資料6
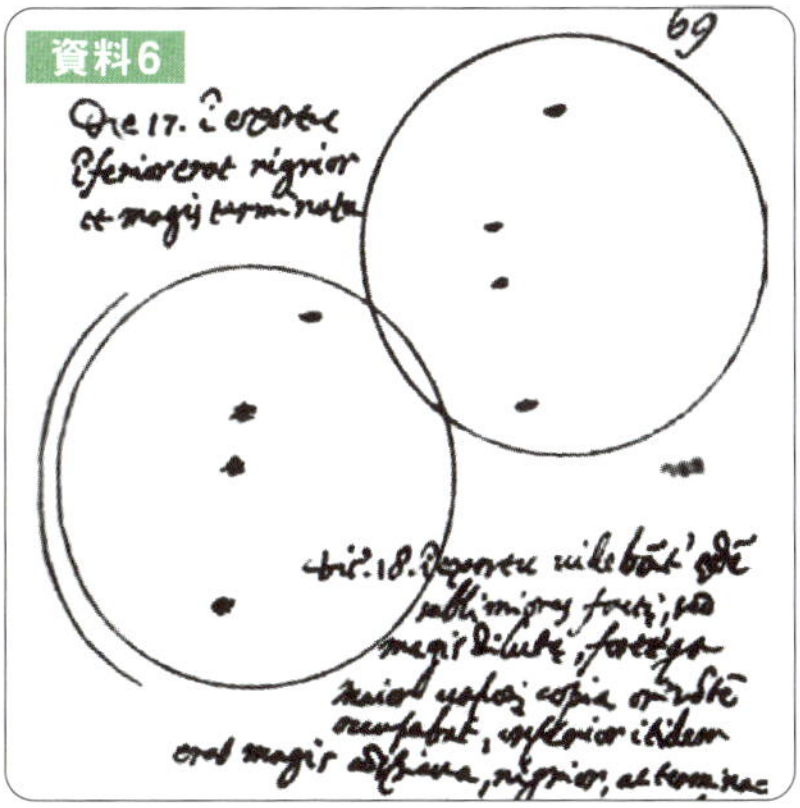

ガリレオがスケッチした太陽黒点

（著者作画）

ガリレオは晩年に失明していますが、あるいは太陽観測を続けたことと関係があるのかもしれません

フレデリック・ハーシェル
（1738～1822　著者作画）

資料7

フレデリック・ハーシェルの 40フィート天体望遠鏡

400台以上の天体望遠鏡の製作と新たな天体の発見に熱中したハーシェル。その努力は天王星の発見（1781）として、ハーシェルの名を不朽のものにしました

資料4

ガリレオ・ガリレイ
（1564～1642　著者作画）

資料5
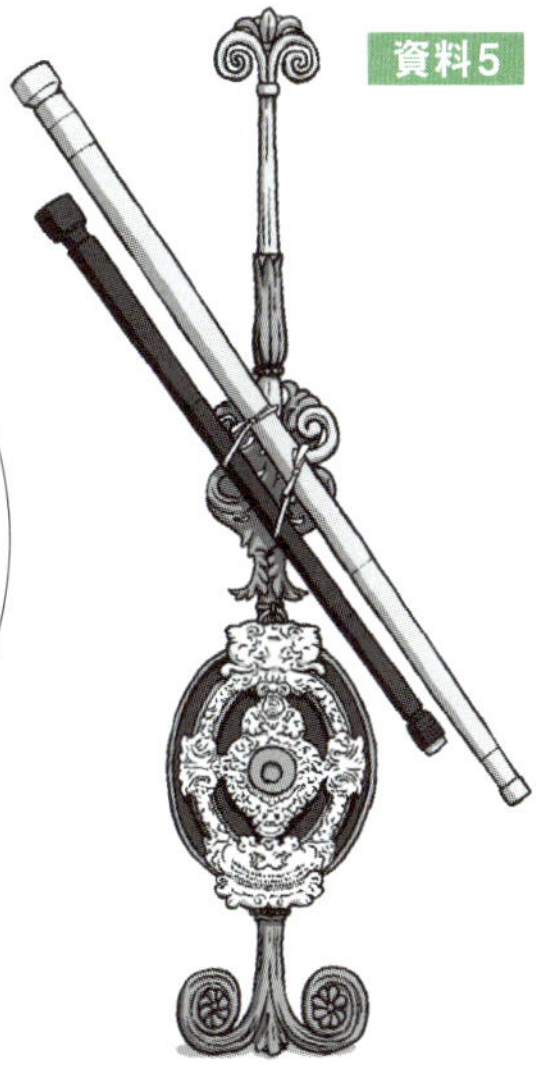

ガリレオの望遠鏡

望遠鏡を発明したのはイタリア人のようですが、これを広く普及させたのは大航海時代のオランダ人でした。スペインから独立して大西洋に乗り出した彼らは、筒の両端に凸レンズをはめ込んだだけの簡単な望遠鏡を使い、水平線上の島や敵船を確認しました。オランダのメガネ職人が1608年に望遠鏡を実用化し、30年間の特許をとっています

19世紀になると、スイスの天文学者ルドルフ・ウォルフが、太陽黒点の増減に11年周期があることを発見。年表28 イギリスのグリニッジ天文台の助手だったエドワード・マウンダー（モーンダー）は、数世紀にわたる太陽黒点の記録を集めて分析した結果「1645年から1715年にかけて、黒点が極めて少ない時期が続いた」との結論に達しました。年表29

彼の論文は1970年代に地球規模の気候変動を説明する理論として再評価され、黒点減少期は「マウンダー極小期」と命名されました。この極小期には平均気温が下がり、農業にも深刻な影響をもたらしたことがわかってきたのです。年表37

注目すべきは、前章で述べた天明の大飢饉《ききん》年表6 とフランス革命 年表26 の時期が、ダルトン極小期 年表38 の始まりと一致していることです。浅間山とラキ火山の同時噴火（1783）が起こった数年前から天候不順と冷夏が続いた理由が、一応これで説明できると思います（第3章第5節参照）。

■太陽黒点の増減と世界的な事件

	年代	太陽黒点の増減	世界史的な事件
❶	1010～1080	オールト極小期 年表34	ノルマン人の英国征服、セルジューク朝の西進
／	1100～1250	中世極大期←温暖化	十字軍の遠征、ドイツ人の東方植民
❷	1280～1350	ウォルフ極小期 年表35	モンゴル帝国の崩壊、日本で南北朝の動乱
❸	1460～1550	シュペーラー極小期 年表36	黒死病の流行、百年戦争、応仁の乱
❹	1645～1715	マウンダー極小期 年表37	ヨーロッパ諸国で宗教戦争、明清交代
❺	1790～1830	ダルトン極小期 年表38	天明の大飢饉、フランス革命
／	1950～2009	現代極大期←温暖化	

■太陽活動の周期

※放射性炭素C14の量

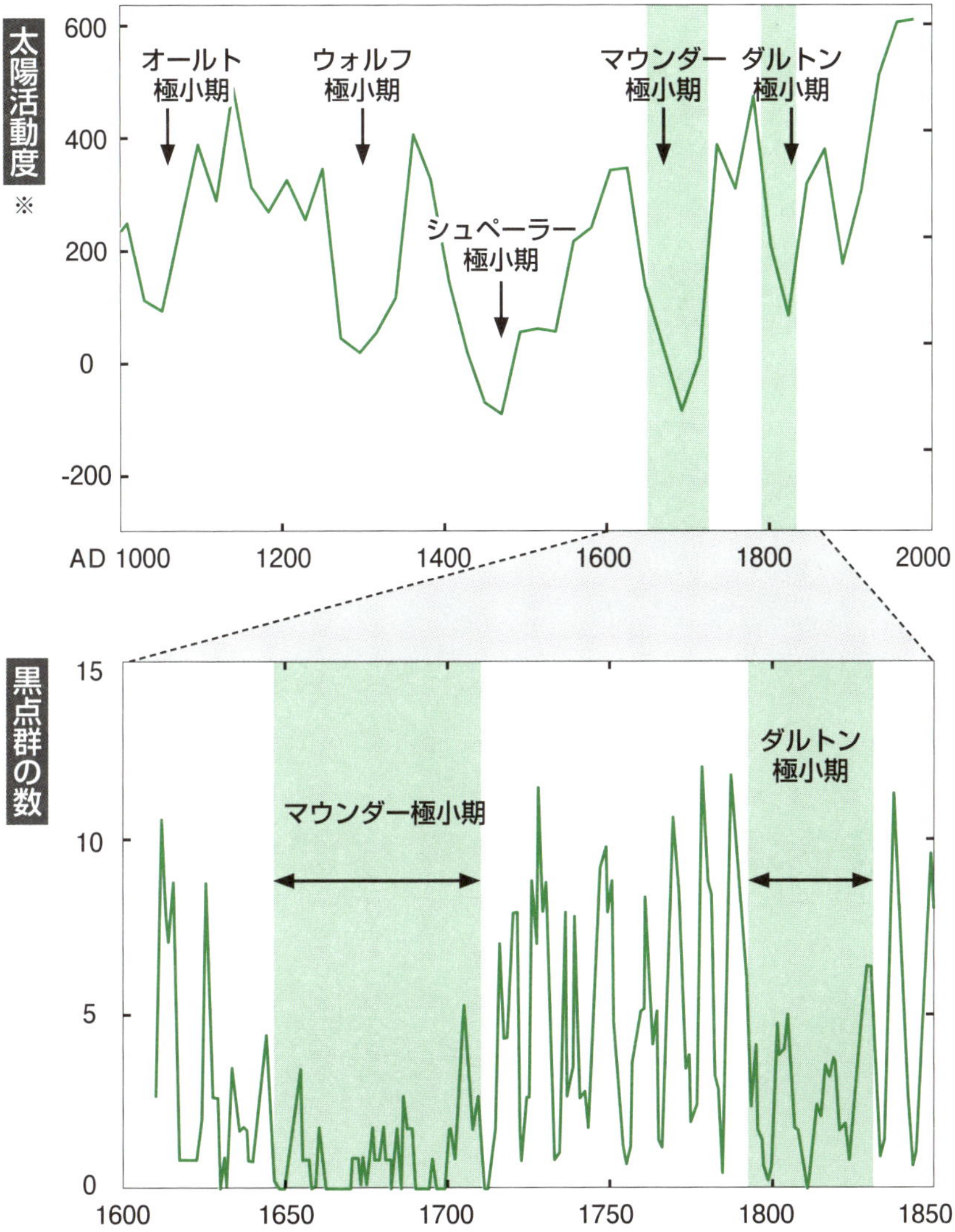

上:年輪や氷床に含まれる放射性炭素14の濃度　下:太陽黒点の増減　著者作図。(原図はhttps://www.yamagata-u.ac.jp/jp/information/press/20210310_01/) 古記録に加えて木の年輪や地層中の花粉の変化などから、マウンダー極小期のほか、過去に4回の極小期があったことが確認され、それぞれ気象学の分野で功績を上げた学者の名がついています

太陽は超巨大な核融合原子炉？

そもそも1億5000万キロかなたにある太陽表面の「しみ」に過ぎない黒点の現象が、どうして地球寒冷化と結びつくのでしょう？

この疑問は、太陽では一体何が「燃えている」のか？という問題と結び付きます。石油や天然ガスが燃えているのなら、数百年で燃え尽きてしまうはずです。

これに対する回答を出したのが、アルバート・アインシュタインでした。日露戦争の年（1905）に彼が発表した特殊相対性理論がそれです。

詳細は省きますがこの理論の肝《きも》は、「物質はエネルギーに転換できる」というものです。そのときに生じるエネルギー（光と熱、放射線）は、燃焼によるエネルギーとは桁違いに大きなものとなる、という結論を導いたのです。図1

具体的には、ウラン（厳密には、原子核内に235個の陽子を含むウラン235を使う）の原子核に衝撃を加えて分裂させる（核分裂）と、2個の別の物質が生成されます。ところが、元のウラン原子2個を合わせた質量より、新たに生成された物質の原子2個の合計質量の方が軽くなっている。

消えた物質はどうなったのか——光と熱、電磁波として放出されるのです。これが核分裂エネルギーで、これを兵器に応用したのが原子爆弾、発電に応用したのが原子力発電です。図1

逆に水素（厳密には、原子核内で陽子1個と中性子2個が結びついた三重水素を使う）の原子核同士を融合させる（核融合）と、ヘリウムという別の物質が生成されます。ところが、元の水素原子2個を合わせた質量より、ヘリウム原子1個の質量の方が軽くなっている。図2

消えた物質はどうなったのか——光と熱、電磁波として放出されるのです。これが核融合エネルギーで、これを兵器に応用したのが水素爆弾で、原爆の数百倍の破壊力を持ちます。図2　核

核分裂エネルギーとは？

ウランやプルトニウムが核分裂する際に放出するエネルギー

核分裂エネルギーの利用方法

- 電気に変換して利用
  →**原子力発電**
- 直接動力源として利用
  →**原子力潜水艦**
- 熱源として利用
  →**水素製造、暖房**
- 兵器として利用
  →**核爆弾**

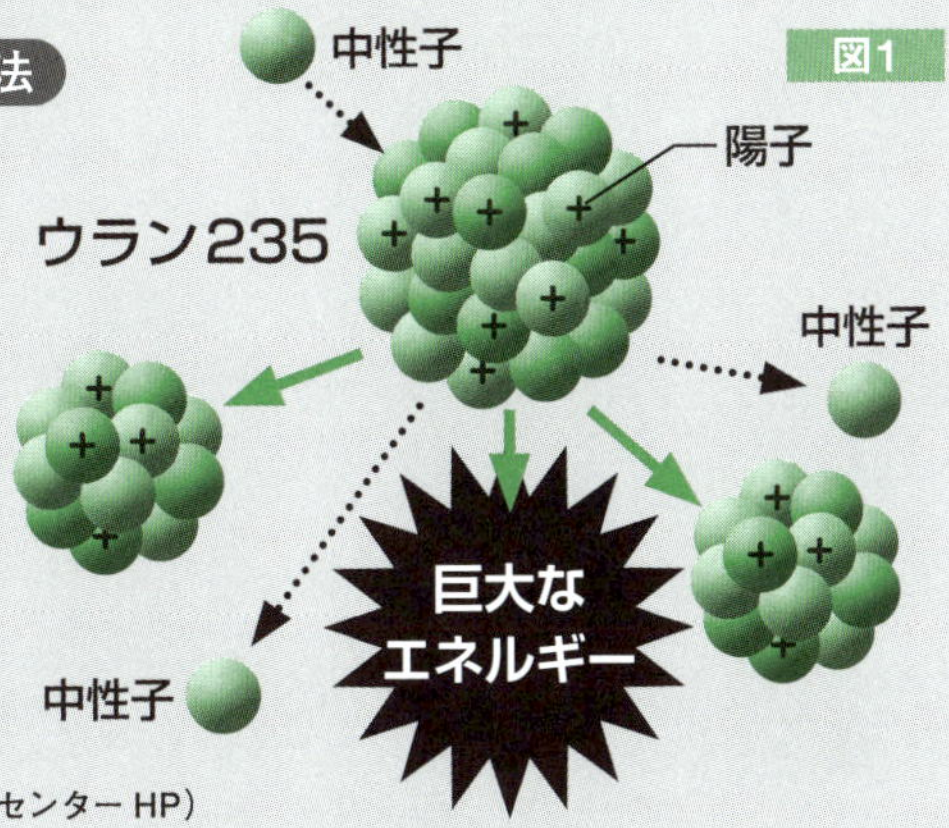

（参考：量子エネルギー材料科学国際研究センター HP）

核融合エネルギーとは？

核融合とは、水素のような軽い原子核同士が融合して、ヘリウムなどのより重い原子核に変わることです。下図のように水素の仲間（同位体）である重水素（D）と三重水素（T）の原子核が融合するDT核融合反応では、ヘリウムと中性子ができます

D-T核融合反応

核融合反応が起こると、非常に大きなエネルギーが発生します。これは、図に示すように、融合反応が起きる前の重水素（D）と三重水素（T）の重さ（質量）より、融合反応が起こった後のヘリウムと中性子の重さの方が軽いので、その差の分だけの質量がエネルギーに変わるからです。有名なアインシュタインのエネルギー（E）が質量（m）と等価であるという原理（$E=mc^2$）により、わずかな質量が非常に大きなエネルギーに変わります

図2

（参考：内閣府HP）

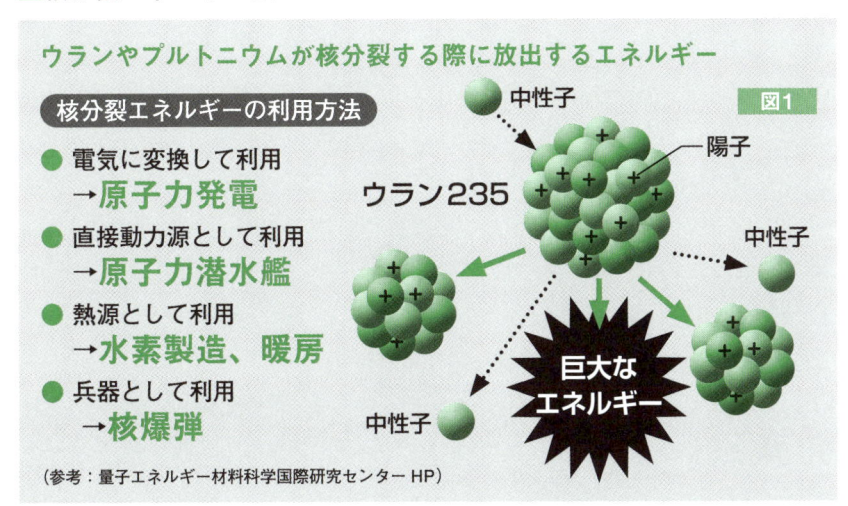

融合には高温高圧が必要なので、核融合発電は2024年段階ではまだ実用化されていません。

さて、高温にさらされた物質は固有の光を発します。太陽光のスペクトラム分析から、その成分は水素であることがわかりました。

水素は酸素と反応すると爆発的に燃焼しますが、太陽に酸素はありません。

実は太陽の中心部では巨大な重力によって水素原子が押しつぶされ、陽子と中性子とがバラバラになったプラズマ状態が保たれ、核融合反応が起こっているのです。つまり太陽は、超巨大な核融合原子炉を持っているのと同じことなのです。

核融合は強烈な光と熱を発し、そのほんの一部が1億5000万キロかなたの地球に届き、温めてきました。その恩恵を受けて、生命が誕生したのです。

太陽の水素がすべてヘリウムに転換して「燃え尽きれば」、地球の生命は死滅しますが、それまで、あと100万年の猶予があると天文学者は計算しています。

プラズマ化し、熱せられた水素は太陽表面に湧き上がり、冷やされてまた中心部へ戻っていくという対流現象を起こしています。このときの下降流が起こっている部分は、周囲より温度が低いので黒く見えます。

これが黒点の正体でした。つまり太陽の活動が盛んで、対流が激しいときにはたくさんの黒点が生じ、太陽活動が静かなときには黒点は消えます。

黒点が少ない極小期には、太陽の活動そのものが弱っている。だから地球は寒冷化するというのが1つの説明です。

もう1つの説明は、雲との関係です。

太陽が時折起こす爆発現象（フレア）により、大量の水素プラズマが太陽の重力を脱して宇宙空間に放出され、そのごく一部は地球をも包んでいます。これを「太陽風」と呼び、地球はこの太陽風に常にさらされています。図3
地球には磁気がありますから、太陽風はそれに沿って北極圏、南極圏に流れ込み、地球の大気と反応して発光現象を起こします。これがオーロラで、太陽の活動が強いとオーロラも頻発します。

地球にはもう1つ、「銀河宇宙線」という放射性物質の粒子も降り注いでいます。これは太陽系の外の恒星が爆発したり衝突したりして生じるもので、これが核となって水蒸気が水滴に変化し、雲ができ、雨が降るという仮説があります。

ところが太陽風が強いとバリアのように地球を包むことによって、銀河宇宙線を跳ね返し、晴天が続く。

逆に太陽風が弱いと銀河宇宙線が容赦なく降り注ぎ、雲がたくさん形成されて天候不順が続く、だから地球は寒冷化する、という理論です。

どちらが正しいのか、いずれも正しいのか？

まだ専門家の間でも結論は出ていません。いずれにせよ、黒点の減少という形で観測できる太陽活動の停滞によって地球が寒冷化する、という因果律は正しいといえるでしょう。

太陽風とそのメカニズム

図3

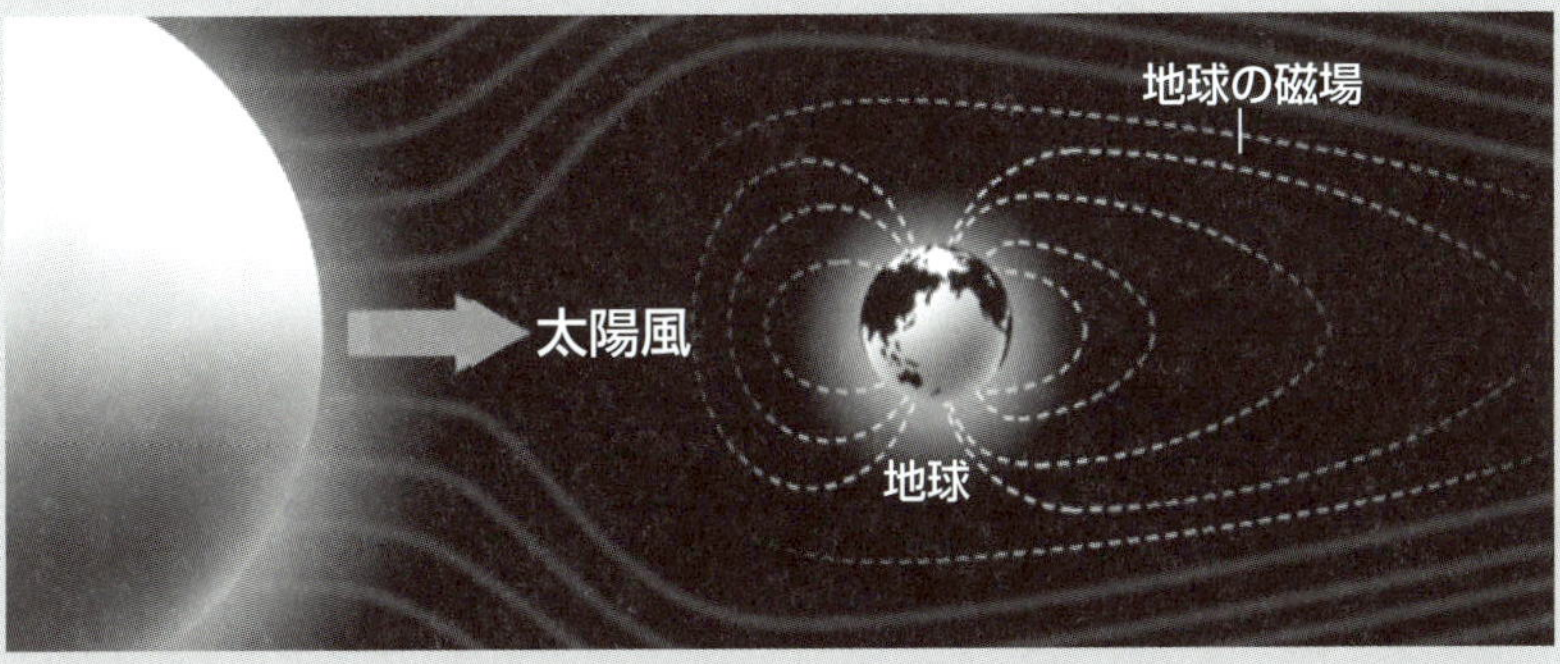

太陽風は秒速400～500キロで太陽の外に向かって流れ、地球の軌道近くでは、1立方センチメートル当たり約5個の素粒子が含まれています。太陽風を生み出すのは、太陽大気のいちばん外側の太陽コロナです。コロナは皆既日食の時、隠された太陽の外側に美しく光って見えます。このコロナからつねに素粒子のプラズマが押し出され、太陽風になるのです

（参考：国立博物館HP）

2 地球の自転・公転と気候変動

大規模な火山噴火や太陽黒点の減少が、地球の寒冷化に与えた影響を見てきました。さらに大きなレベルで考えると、地球と太陽の距離の変化や、地球の自転軸の傾きの変化が、地球に降り注ぐ太陽エネルギーの量を変化させていることがわかってきました。

「天体の軌道は完全な円である。宇宙を設計した神は、完全性を求めるからだ」。これは古代の天文学者プトレマイオスの説です。コペルニクスが天動説をひっくり返して地動説（太陽中心説）を提唱したあとも、この「完全な円軌道」説は受け継がれます。

ところが天体観測の結果からその過ちに気づいた学者がいます。ガリレオとほぼ同時代にチェコのプラハを中心に活躍したヨハネス・ケプラーです。資料8　地動説を受け入れたケプラーは、太陽を周回する惑星の軌道の計算に熱中しました。

ルターの宗教改革は、西欧キリスト教世界を真っ二つに分断しました。ローマ教皇を神の代理人と考えるカトリック教会と、教皇の権威を否定する新教徒（プロテスタント）教会は、互いに相手方を「異端」と呼び、十字軍の再来のような宗教戦争の嵐が巻き起こったのです。

少数派のプロテスタントである上に、聖書の記述と矛盾する地動説の信奉者だったケプラーには、常に身の危険がありました。彼の母親は、薬草を使った自然療法士のような仕事をしていましたが、「魔女」として告発されて捕えられ、危うく火あぶりにされかかっています。

そんなケプラーのパトロンとなってくれたのは、時の神聖ローマ皇帝ルドルフ2世でした。錬金術や占星術に熱中した皇帝は、プラハの宮殿に多くの学者を抱えていました。天文学者ティコ・ブラーエもその一人で、目視で惑星の運航を記録した膨大なデータを蓄積しました。彼の助手として雇われたケプラーは、ブラーエの遺産として観測データを受け継ぎ、そこから惑星運航に関する「ケプラーの法則」を発見したのです。年表18

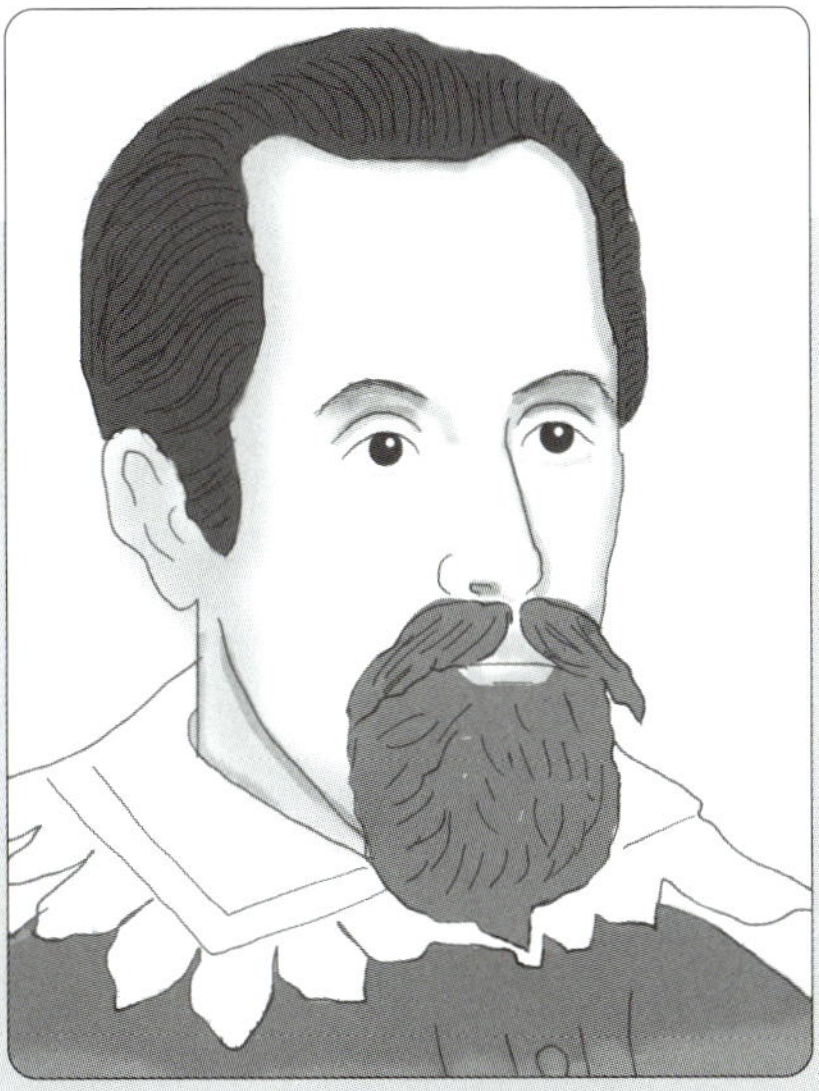

ケプラーの第１法則　資料8

惑星軌道は完全な円（正円）ではなく、楕円である（ケプラーの法則にはあと２つありますが、当面の議論には関係ないので省略します）

ヨハネス・ケプラー
（1571～1630　著者作画）

楕円を描く方法

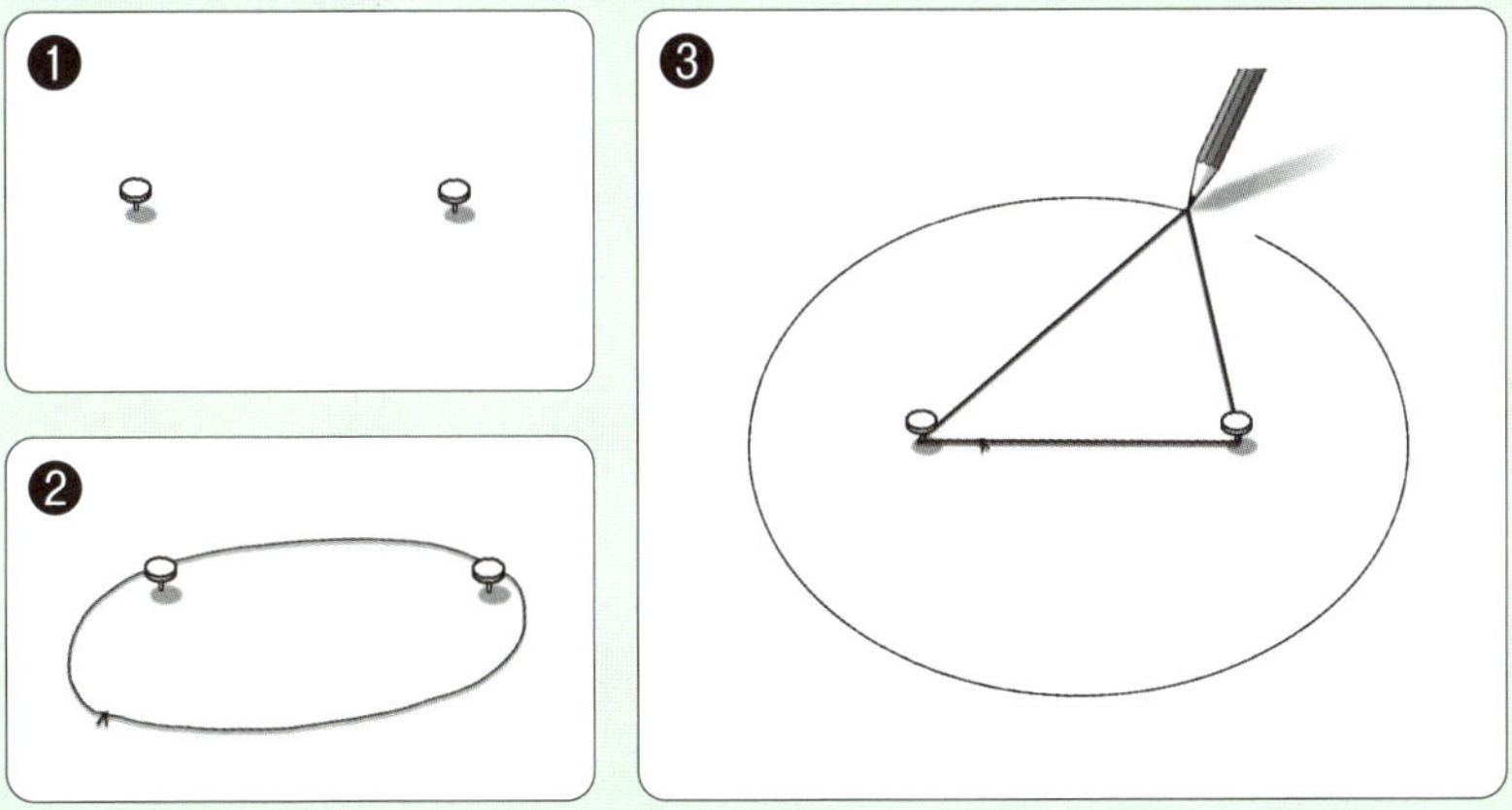

1	**板に２カ所、画鋲を打ちます**
2	**糸で輪を作り、２個の画鋲にひっかけます**
3	**ペン先を糸に引っかけ、ピンと張ったまま円を描きます。画鋲を打った場所を「焦点」といいます。焦点が１つなら完全な円となり、２つになると楕円になります。惑星の公転軌道が楕円であれば、その焦点は２つあるわけで、その１つが太陽です**

■楕円が正円からどれくらい「ズレているか」を表す数値が離心率

図4

- 正円 →離心率＝0
- 楕円 →0＜離心率＜1
- 放物線→離心率＝1
- 双曲線 →1＜離心率

正円、楕円、放物線、双曲線の違いは、円錐の断面として表現することができます

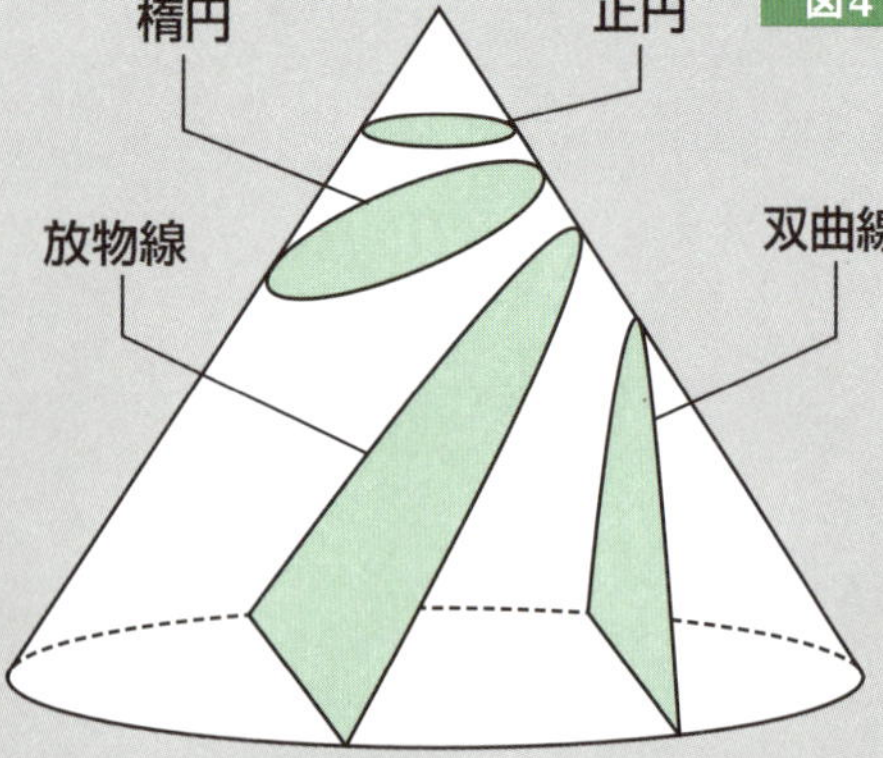

太陽系の惑星のうち、水星の離心率は0.21で最も歪んでいます。他の惑星の離心率はいずれも0．1以下、地球の離心率は0.02でほぼ正円に近いものとなっています。ハレー彗星の離心率は0.97でその軌道は放物線のように見えますが、海王星軌道の外側でUターンして戻ってきます。離心率が1になると軌道は放物線、それ以上だと双曲線となりますから、その天体は太陽系を飛び出して、二度と戻ってこないでしょう。地球から太陽までの平均距離は1億4960万キロ、太陽に最も近づく近日点と、太陽から最も遠ざかる遠日点を比べると、地球から太陽までの距離は500万キロも変化しますから、当然、地球が受け取る太陽エネルギーにも差異が生じます

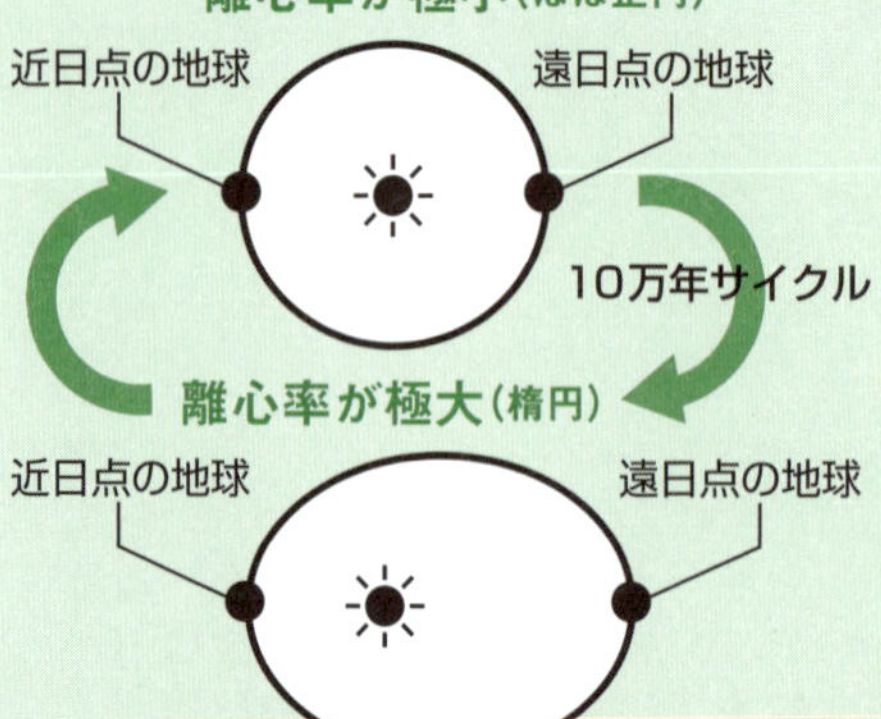

地球の離心率の変化(著者作図)

資料9

ミルティン・ミランコヴィッチ
(1879～1958　著者作画)

地球が受ける年平均の太陽エネルギーを100とした場合、

●近日点通過（1月）……103・4
●遠日点通過（7月）……96・7

地球が太陽から遠ざかる遠日点通過は、現在は7月上旬の七夕前後です。北半球は夏ですので夏の暑さを和らげ、逆に南半球では冬ですから、寒さに拍車をかけていることになります。

現在の地球の離心率はわずか0・02でほぼ正円ですので、離心率が地球環境に与えている影響は微々たるものです。しかし遠い過去には、離心率が地球の寒冷化に深刻な影響を与えた時代もありました。離心率自体が、約10万年という長いスパンで変化していたからです。図4

これに気づいたのが、セルビアの地球物理学者ミルティン・ミランコヴィッチでした。資料9

ミランコヴィッチは氷期（氷河期）と間氷期のサイクルの根本原因を、地球の公転・自転から説明できると考えました。地球の離心率の変化に加えて、地軸の傾きの変化、地軸の歳差運動（第1章第2節参照）の複合的要因により、地球に降り注ぐ太陽エネルギーに変動が生じ、これがもたらしたのだろう、と発表したのです。年表30

●離心率の変化……10万年サイクル
●地軸の傾きの変化……4・1万年サイクル
●地軸の歳差運動……2・3万年サイクル

ミランコヴィッチ仮説は、天文学・地球物理学と気象学とを結びつけた画期的な仮説でしたが、気象学、あるいは地質学の側からこの仮説を検証できるようになったのは1970年代からです。

地球に降り注ぐ太陽エネルギーの変化については、太陽黒点の観測で追跡できます。しかし望遠鏡が普及した17世紀以降の観測記録しかありません。古代・中世、もっとさかのぼって石器時代や、恐竜の時代における太陽活動の変化を知るにはどうすればよいのでしょうか。

1つの方法は、海底のボーリング調査で採取した泥に含まれる貝殻や珊瑚《さんご》、珪藻《けいそう》類などプランクトンの化石を調べ、その化学分析から当時の自然環境を再現する方法。

もう1つの方法は、氷河の氷床のボーリング調査で得たサンプルから、硝酸《しょうさん》の量の変化や、酸素の同位体の量の変化を調べる方法です。

太陽から地球に到達した放射線や陽子は、地球大気の成層圏で酸素分子や窒素分子と結合し、硝酸となります。氷床に含まれる硝酸の濃度から、太陽活動の変化を知ることができます。

酸素分子の大半は「酸素16」（陽子8個＋中性子8個）ですが、0・2パーセントほど「酸素18」（陽子8個＋中性子10個）が含まれます。

海水温が低いほど、「酸素18」が海洋生物に取り込まれやすいという性質があるため、海洋生物の化石の分析から、その生物が生きた時代の海水温を復元することもできるわけです。

これらの研究を総合した結果、ミランコヴィッチ仮説の有効性が半世紀ぶりに証明されました。

離心率が大きくなる（楕円軌道に近づく）ことにより、近日点通過の際により太陽に接近し、地球が温暖化しているように見えます。

しかし、離心率の変化による気候変動は、地軸の傾きによる変動に比べれば微々たるものだという指摘もあり、因果関係についてはうまく説明がついていません。

いずれにせよ、気候変動を引き起こす根本要因は太陽エネルギーの照射量の変化であり、

●万年単位の長期変動は、地球の離心率・地軸の傾き・歳差運動に影響される。

●百年単位の中期変動は、太陽の活動周期（太陽黒点の増減）に影響される。

●年単位の短期変動は、火山噴火に伴う火山灰の上空滞留によってもたらされる。

ということを、ここでは確認しておきましょう。

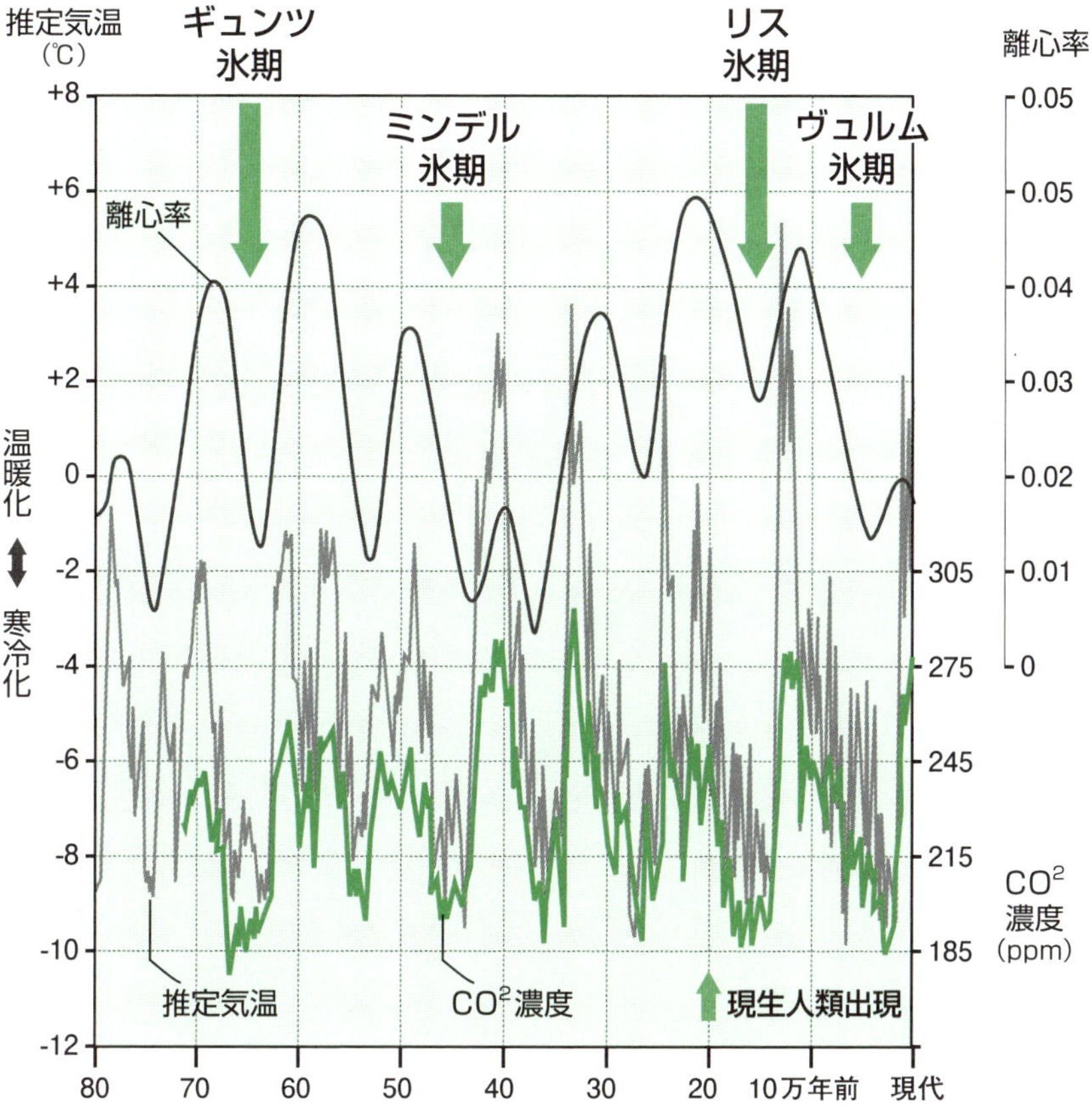

過去80万年間のCO2濃度・離心率・推定気温（著者作図。原図はhttps://ja.m.wikipedia.org/wiki/ファイル:過去80万年の二酸化炭素・公転軌道の離心率・気温の変化.png）

気候変動を引き起こす根本要因は太陽エネルギーの照射量変化

- 万年単位の長期変動＝地球の離心率・地軸の傾き・歳差運動に影響される
- 百年単位の中期変動＝太陽の活動周期（太陽黒点の増減）に影響される
- 年単位の短期変動＝火山噴火に伴う火山灰の上空滞留によってもたらされる

3 縄文海進とサハラの砂漠化

あなたは月面の温度をご存知ですか？　月は地球の衛星ですから、太陽からの距離は地球とほぼ同じです。その荒涼とした風景から極寒の地というイメージですが、月の赤道付近の地表温度は、昼中は１００度に達する灼熱《しゃくねつ》地獄です。

月の自転周期は公転周期と同じで約30日。この状態が約30日続くわけです。ようやく夜になると、今度はマイナス１７０度まで下がります。これがまた30日。将来、月面基地ができたとしても、住み心地は想像できるでしょう。

もし地球に大気や水がほとんどなかったら、月と同じような環境となり、生物の進化もなかったでしょう。大気や水が保温効果を発揮し、しかも循環してくれるおかげで、地球環境はマイルドになりました。赤道付近で温められた海水が暖流となって極付近に達してヒーターの役割をし、逆に極付近で冷やされた海水が寒流となり赤道付近に達し、クーラーの役割を果たしているのです。

大気の循環もこれと同じです。赤道付近（熱帯収束帯）で温められた空気が上昇気流となり、低気圧を発生させて大量の雨を降らせます。図5　上空で乾いて冷やされた空気は偏西風となって亜熱帯（緯度30度付近）に達して下降気流となり、高気圧を発生させて長く晴天をもたらします。亜熱帯高圧帯に砂漠や草原が広がっているのはそのためです。ここから気圧の低い熱帯収束帯へ向かって吹く東風は貿易風と呼ばれ、帆船による航海に利用されました。

北半球ではカリフォルニアやアラビア半島の砂漠が亜熱帯高圧帯の真下にありますが、なんといっても北アフリカのサハラ砂漠が圧倒的な広さを誇ります。アメリカ合衆国に匹敵する広さの砂漠は日々拡大を続け、草原地帯を飲み込みつつあります。サハラを緑化できれば、地球環境が改善され、発展途上国を悩ます食糧不足も抜本的に解決するのでは、と想像してしまいます。図6

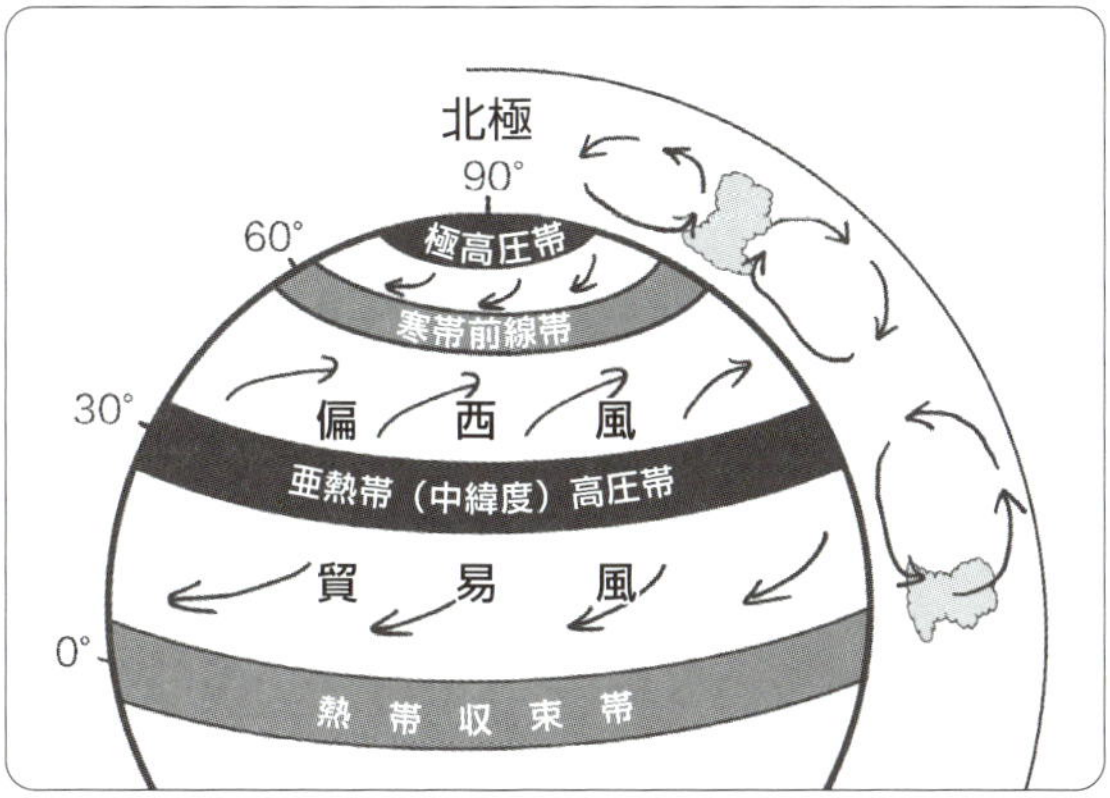

図5
北半球の大気循環
（著者作図）

■アフリカ連合の「グレート・グリーン・ウォール計画」（著者作図） 図6

2007年にアフリカ連合（ＡＵ）が発表した「緑の長城」を築いてサハラの拡大を阻止しようという計画です。2030年までに東西8000キロ、幅15キロの緑地帯（グリーンベルト）を建設して砂漠化を阻止し1000万人の雇用を創出する計画です。この地域はイスラム過激派が跋扈《ばっこ》する危険地帯ですが、その背景には貧困問題があります。雇用創出で地域経済を活性化し、難民の発生を防止するのがもう１つの目的です。最大の問題は330億ドルの予算です。アフリカ諸国では到底まかなえないので、世界銀行と旧宗主国のフランスが融資し、ようやく半分が集まりました。2021年段階で目標の４パーセントを達成し、33.5万人の雇用を実現しています。2030年までに残りの96パーセントを達成することができるのでしょうか

人類は緑のサハラで生活していた

人類には、緑に覆われたサハラで生活していた時代がありました。アルジェリアの南部、まさにサハラのど真ん中にその証拠が残っています。

そこはアルジェリアとリビア、ニジェール国境にまたがる高地です。国境が引かれたのは19世紀の植民地時代のことで、それ以前は遊牧民のトゥアレグ人が自由に往来していました。高地の名はトゥアレグ語で「川の多い高地」を意味します。衛星画像で見ると、河川の跡がはっきりわかりますが、現在はほとんどの川は干上がっています。

タッシリ・ナジェールは「山地」ではなく、標高500メートルほどの平坦な高地を、川が侵食して作った渓谷です。アメリカのグランド・キャニオンと景観がそっくりです。砂岩でできた岩山は、水や風による風化を受けやすく、バラバラになって砂に戻ります。

1830年、フランス軍がアルジェリアを占領し、植民地統治を開始。1863年からフランスの探検隊がサハラの調査に乗り出し、タッシリ・ナジェールの壁面に岩絵があることを知ります。1930年代にはフランス外人部隊のチャールズ・ブレナン中尉率いるラクダ部隊が調査。**年表10** この調査隊に参加したフランス人考古学者アンリ・ロートのスケッチを通じて、壁画の存在が広く世界に知られるようになったのです。ロートの調査は、模写や写真撮影のためにぼんやりした画像に着色するなどしたと、のちに批判されています。

最終氷期（ヴュルム氷期）の末期、サハラ砂漠は現在よりももっと拡大し、南の草原（サヘル）地帯のほとんどを飲み込んでいました。

約1万年前（紀元前8000年頃）、後氷期（完新世）の開始とともにサハラの湿潤化が進み、紀元前6000年頃に湿潤化のピークに達します。サハラのほとんどは緑の草原で覆われ、森林も点在していました。砂漠はアルジェリア北部のアト

1 アルカイック（素朴）期
（紀元前8000年頃〜）

緑のタッシリ・ナジェールに人類が壁画を描き始めた時代です。描いたのは、獲物を追って北上してきたネグロイド（黒人）系の狩猟採集民でしょう。草原に生息する野生のレイヨウ（インパラ）を線刻画で表現しています。その抽象性はまるで現代アートのようです

泣く牛の岩の彫刻（アルジェリア・タッシリ・ナジェール）

文字はトゥアレグ語を表すティフィナグ文字。後の時代に書き込まれたもの（アルジェリア・タッシリ・ナジェール）

2 ラウンドヘッド（円頭）期
（紀元前5500年頃〜）

短い乾燥期を経て、ヘルメットを被ったような奇妙な姿の人物が、キリンなど草原の大型哺乳類とともに描かれます（左上）。「白い巨人」と呼ばれる超自然的な存在を描いた巨大な壁画も出現します（左下）。人物像は3メートルを超える大きさで、その周囲に礼拝するような姿の人々が描かれていることから、この洞窟が宗教儀式の場であったと考えられます

白い巨人（アルジェリア・タッシリ・ナジェール）

ヘルメットを被ったような奇妙な人物（アルジェリア・タッシリ・ナジェール）

3 牧畜期
（紀元前4500年頃〜）

森の後退とともにネグロイド（黒人）系の狩猟民が南へ去り、北方からコーカソイド（白人）系のベルベル人が、家畜の群れとともに出現します。ウエストがくびれた糸巻き状の人物表現がこの時代の特徴で、牛や羊、犬などの家畜とともに描かれています。タッシリ・ナジェールを流れていた複数の大河も徐々に枯れていき、地下水脈となって命脈を保つのみとなりました

牛を追う人物（アルジェリア・タッシリ・ナジェール）

馬に乗る人々（チャド・エネディ山地）

4 ウマ期
（紀元前2000年頃〜）

サハラの砂漠化が進み、オリエント方面からエジプト経由で伝わった新しい移動手段が登場します。家畜化された馬、馬に引かせる二輪の馬車が描かれていますが、絵画表現には初期のような躍動性がなくなり、生活にゆとりがなくなったことを感じさせます

5 ラクダ期
（紀元前1000年頃〜）

完全に砂漠化したサハラではウマも役に立たなくなり、アラビア方面からもたらされたヒトコブラクダが取って代わります。人々はサハラの岩塩を掘り出してラクダに乗せ、エジプトやニジェール川流域の農耕地帯に運んで食料と交換する長距離交易に従事するようになりました

ラクダと人物（アルジェリア・タッシリ・ナジェール）

ラス山脈の麓にまで縮小。タッシリ・ナジェールには、115～116ページのような痕跡が多数残されています。

サハラの温暖化・湿潤化は最終氷期が終わる紀元前8000年頃に始まり、紀元前6000年頃にそのピークを迎えました。

前4500年頃から寒冷化・乾燥化が進んだ結果、狩猟民が南へ去り、北から遊牧民がやってきます。前3000年頃、ナイル川の流域では灌漑《かんがい》農耕が始まり、エジプト文明を生み出しました。

つまり「緑のサハラ」が消えた結果、水が豊富なナイルの流域では灌漑農業が始まり、それ以外の地域では牧畜が広がったのです。

「緑のサハラ」の時代を、古気候学では「ヒプシサーマル期」と呼んでいます。ギリシア語でヒプシは「高い」、サーマルは「温度」を意味するので、「高温期」という意味になります。

ヒプシサーマル期は過去1万年の間で、北半球が最も温暖化した時代。そのメカニズムは、前節で紹介したミランコヴィッチ仮説で説明できます。 P118表1

温暖化の影響は高緯度になるほど大きく、北極圏では平均4度の気温上昇が見られました。カナダやグリーンランドの氷河が溶けて海に流れ込んだ結果、海水面が最終氷期と比べて120メートル（現在と比べて2～3メートル）上昇しました。

ヒプシサーマル期の日本列島は縄文時代の早期・前期にあたり、関東平野はほぼ水没して現在の台地の縁が海岸線でした（縄文海進 P118図7）。貝塚に代表される縄文時代の遺跡が台地の縁に集中しているのは、そういうわけです。

同じような現象は、平安時代の末期（12世紀）にピークを迎える「平安海進」でも起こりましたが、これは後述するヨーロッパの「中世温暖期」と連動しています。

火焔《かえん》型土器 P118写真1 や土偶 P118写真2 に象徴される縄文文化の豊かさは、タッシリ・ナジェールの前期の造形美術と相通じる抽象性を感

「緑のサハラ」ヒプシサーマル期のメカニズム 表1

1	太陽に地球が最も近づく近日点には北半球側が夏、つまり太陽方向を向いていた
2	地軸の傾きが24度と最大に達していた(現在は23.5度)
3	太陽黒点の活動が活発だった

高温にさらされた北半球では、高気圧を発達させる赤道収束帯がサハラの中央部まで北上した結果、ここに安定した降雨をもたらし、「緑のサハラ」を現出させました。ならば亜熱帯高圧帯も北上して南ヨーロッパあたりに砂漠化をもたらしたはずですが、これについてはよくわかりません

写真1

新潟県岩野原遺跡出土・火焔型土器(國學院大學博物館所蔵。「國學院大學デジタルミュージアム(國學院大學博物館収蔵資料総目録(考古))」収録)

写真2

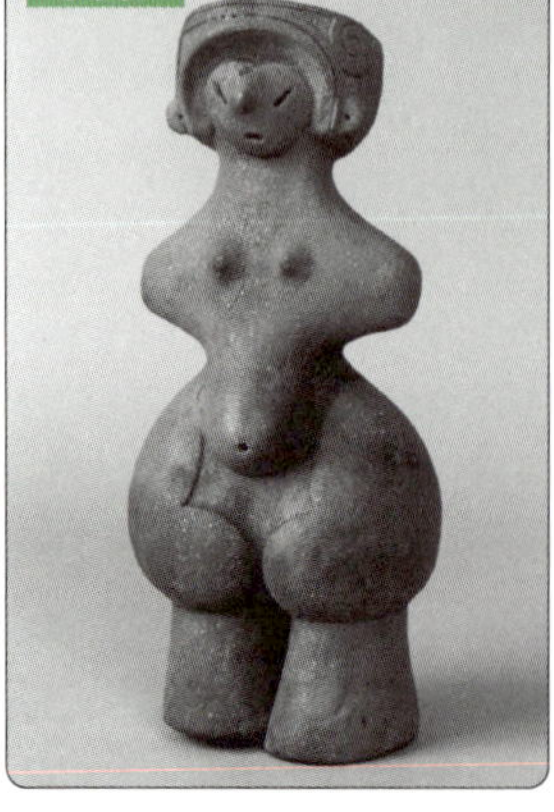

縄文のビーナス(茅野市尖石縄文考古館所蔵)

図7

縄文海進期の関東地方。千葉県は、ほぼ島でした

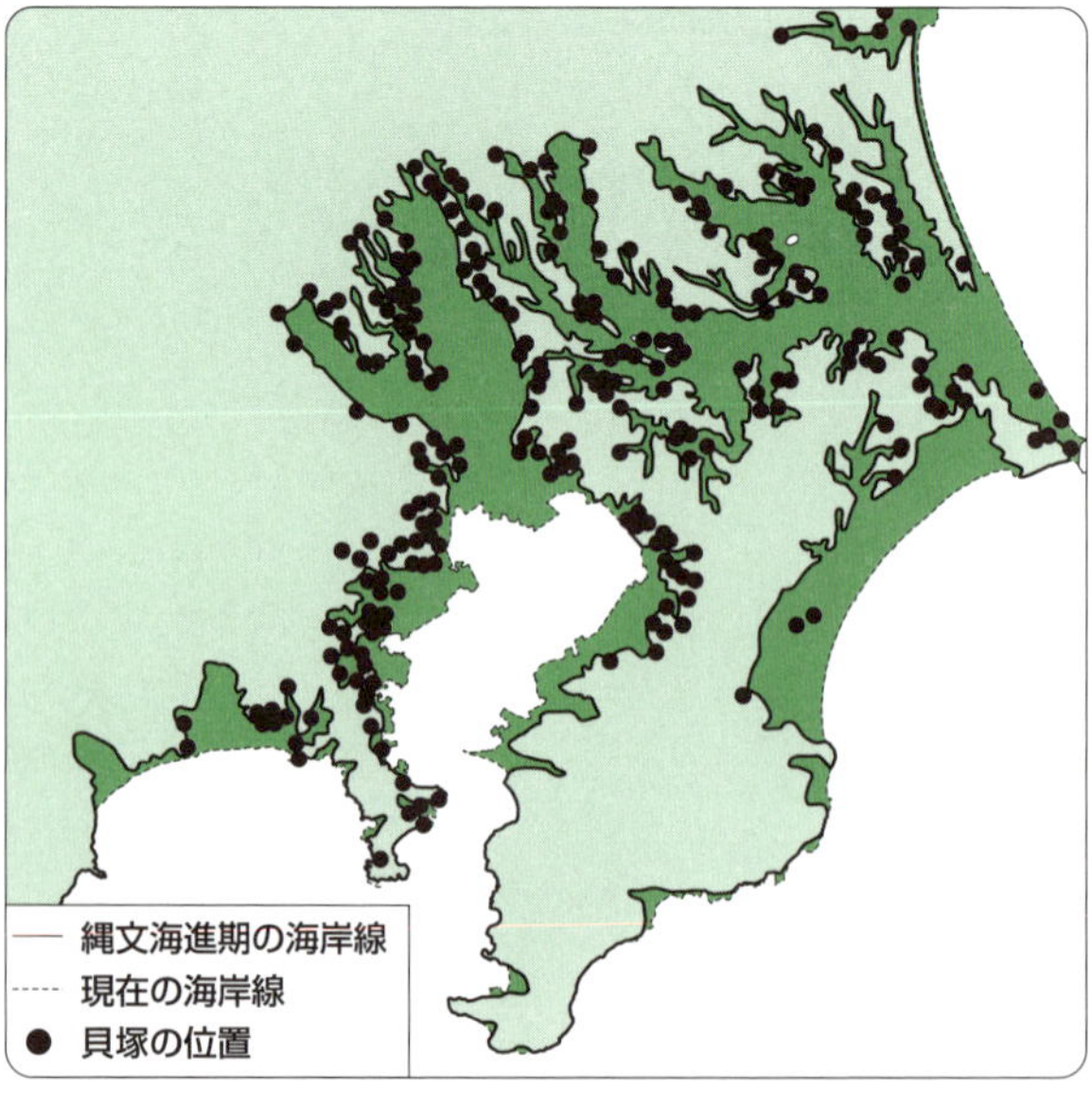

じます。

サハラが寒冷化、砂漠化していった紀元前4000年以降も、日本列島は黒潮と季節風の影響で豊かな降水がもたらされ、狩猟採集と畑作を組み合わせた縄文文化が繁栄を続けました。海水面が再び下がると、河川が運んだ土砂が広がる沖積平野が形成され、縄文晩期（紀元前2000〜）には水田稲作が開始されます。

水田の技術は南中国の長江流域を起源とし、日本や東南アジア、インドへと広まったものです。しかし縄文から弥生への転換は、タッシリ・ナジェールで起こったような民族の交代を伴うものではなく、縄文人が新しい生活スタイルを徐々に受け入れるという形で進みました。異文化を排除せずなんでも融合してしまう日本文化の底力は、ここから始まるのです。

本節では、地球規模の寒冷化がサハラの砂漠化をもたらした、という仮説を検証してきました。とすれば、地球温暖化が進めば逆にサハラは緑化するのでは？　という疑問も湧いてきます。

オランダ王立気象研究所の研究チームは、サヘル（草原）における雨量増大を予測し、また衛星画像の分析から、サハラ砂漠の縮小は明らかだと結論づけました。

西サハラやスーダンなどで現地調査を行っているケルン大学の気象学者シュテファン・クレペリンは、この20年来、かつての砂漠が放牧可能になり、緑地が拡大している、と報告しています（「サハラ砂漠、気候変動で緑化が進行か」National Geographic日本版　２００９・07・31 https://natgeo.nikkeibp.co.jp/nng/article/news/14/1526/）。

「地球温暖化の危機」が声高に叫ばれています。温暖化に伴う海水面の上昇は、防災の観点から大きな問題でしょう。その一方で、温暖化がもたらす恩恵についても、正しく理解しておく必要があると思います。

中世温暖期とノルマン人　4

西暦992年、肩まで伸びた豊かな金髪を海風になびかせた筋骨隆々の男たちを乗せた帆船が、グリーンランドを出港して西南に向かいました。首領の名はノルマン人のレイフ・エリクソン。資料10 年表13

彼らは、メキシコ湾流が反転してカナダ方面に南流するグリーンランド海流、ラブラドール海流に乗ってカナダ東岸に流れ着きました。レイフは発見した土地に名前をつけていきます。ヘッルランド（石の地）、マルクランド（森の地）……。さらに南下すると、冬でも霜が降りず、ブドウが自生し、鮭が豊富に採れる楽園に到達しました。レイフは、ここを「ヴィンランド（ブドウの地）」と名付け、入植地を築いて戻ります。資料11

翌年にはレイフの弟が入植、はじめて先住民と遭遇します。双方に死傷者を出す小競り合いの末、最初の交易が成立しました。ノルマン人が持って行った赤い毛織物を先住民は欲しがり、たくさんの毛皮やセイウチの牙と交換してくれたのです。

その後、さまざまな行き違いから両者は再び戦います。この時期のノルマン人はヨーロッパ各地に侵入を繰り返し、破壊と略奪、奴隷狩りを日常的に行っていたのです。結局、多勢に無勢と悟ったノルマン人はヴィンランドの入植地をわずか10年ほどで放棄し、グリーンランドへ戻りました。

ノルマン人の征服活動は9世紀頃から活発になり、11世紀にピークを迎えます。表2 活動が一段落すると、フランスを中心とする西欧諸国が十字軍を編成してイスラム世界に侵攻、ドイツ人はポーランド方面への東方植民を加速させました。イベリア半島では、キリスト教徒諸国による対イスラム戦争（レコンキスタ）が本格化します。

これらの現象は、新農法（三圃《さんぽ》制と重量有輪犂《ゆうりんすき》）の普及による西欧の人口急増が原因と教科書で説明されていますが、いくら新農法が普及しても、天候不順が続けば食糧は増産できません。この時代、地球規模では何が起こっていたのでしょう？

レイキャビク・ライムスキルジャ大聖堂のレイフ・エリクソン像

レイフ・エリクソンが北米大陸を発見（19世紀に描かれた想像図）

レイフが航海に出た頃、すでに何人かの遭難者がグリーンランド西方の未知の土地について目撃情報をもたらしており、レイフはその土地の実在と入植の可能性を確かめに行ったようです。北欧神話の神々を信じていた父エリクとは違い、カトリック教徒として教育を受けた息子レイフ。アイスランドで生まれましたが、ノルウェー王に謁見を許されるなど、かなりの教養人でもありました

赤毛のエリク（著者作画）

「赤毛のエリク」と呼ばれたレイフの父親は無法者で、祖国ノルウェーで殺人事件を起こしてアイスランドへ追放され、そこで財を成します。しかし、そこでも事件を起こして追放され、行き場を探して冒険旅行に出たときに、未知の陸地に到達。「緑の地（グリーンランド）」と命名しました

■ノルマン人の征服活動

表2　年表11、12、14、15、31

- 862年 ………… リューリクがロシアのノヴゴロドを征服
- 911年 ………… ロロが北フランスのノルマンディーを占領
- 900年代末 … レイフ・エリクソンが北米のヴィンランドに入植
- 1059年 ……… ロベール・ギスカールが南イタリアを征服
- 1066年 ……… ノルマンディー公ウィリアムがイングランドを征服

氷床や年輪の研究から、この時代は太陽の活動が盛んな「中世温暖期」（800〜1300年）だったこと、そのピーク（中世極大期）は1100〜1250年だったことが明らかになりました。

グリーンランドの氷床や各地の氷河が溶け出して海水面が上昇し、フィヨルドが続く北欧の海岸線では居住地が不足しますが、海上交通には好都合となり、ノルマン人が海上へと溢れ出たのでしょう。

北米大陸では温暖化と乾燥化が進み、現在はセントローレンス川南岸を北限とするブドウの自生地も北に広がっていたはずです。だとすれば、ランス・オ・メドー遺跡 資料12 のあるニューファンドランド島が、「ブドウの地（ヴィンランド）」だった可能性も出てきます。

また、アメリカ中西部では旱魃《かんばつ》が起こっています。中南米でも当然、この影響はあったはずです。

レイフ・エリクソンの時代、中米のユカタン半島ではマヤ文明が最盛期を迎えていました。西暦900年代の旱魃によると思われる「衰退期」を境として、マヤ文明は古典期と後古典期とに分けられます。年表32

「後古典期」の特徴は、メキシコ高原にいたトルテカ人の文化がもたらされたことです。乾燥地帯のメキシコ高原では、旱魃の影響はさらに深刻です。この結果、トルテカ人が水を求めてユカタン半島へ移動し、マヤ人を一時支配したのでしょう。

ユカタン半島の北部にあるチチェン・イッツァは、後古典期マヤ文明を代表する遺跡です。ここにあるマヤ最大のピラミッドは、春分の日と秋分の日の太陽に照らされると、階段部分に現れる影が、蛇神ククルカンがピラミッドに舞い降りるように見えることで有名です。写真3

このピラミッドの東側に、林立する円柱に囲まれた「戦士の神殿」があります。写真4 950年以降に建設されたもので、年表33 米国のカーネギー研究所が大規模な調査を行い、内部の彩色壁画を修復しました。これは戦闘シーンを描いたもので、敵軍（メキシコからの侵入者）は灰色の肌、味方は横縞の入った肌で区別しています。別の壁画には、明るい肌に金髪の捕虜が描かれています。その姿は、北欧人のようにも見えます。資料13

　メキシコ湾流の一部は、ポルトガル沖を南転してモロッコ沿岸をかすめ、ぐるっと右回りで中米方面に達します。北欧へ戻ろうとしたヴァイキング船が、航路を外れてメキシコ湾岸に引き戻された可能性は否定できません。

資料12

ランス・オ・メドー遺跡の復元住居

1960年、ノルウェー人の探検家で行政官のヘルゲ・イングスタッドが、妻の考古学者、アンとレイフ・エリクソンの航路をたどる探検調査をして発見した遺跡。西暦1000年前後に作られた８つの住居跡で、ノルマン人がマントの胸元を留めるのに使った丸い頭の青銅のピンを発見。ノルマン人が建設した集落であることが確定しました

写真3

春分・秋分の日だけ階段に現れる蛇神ククルカン

写真4

チチェン・イッツァの大ピラミッドと「戦士の神殿(手前)」

資料13

チチェン・イッツァ遺跡の壁画「金髪の捕虜」(著者作画)

「中世温暖期」（800〜1300年）は、日本列島でも確認できます。ちょうど平安時代から鎌倉時代にあたり、800年代には坂上田村麻呂《さかのうえのたむらまろ》による東北遠征が行われました。年表1

これは、温暖化の影響で稲作の北限が拡大した結果、稲作農民（和人）の開拓者と、東北の森で狩猟や畑作を営む蝦夷《えみし》（縄文人の末裔《まつえい》）との生活圏が衝突したことが根本的な原因と考えられます。

岩手県の北上川流域にアテルイという名の強力な首長が現れ、蝦夷の諸部族を統合することに成功して抵抗を続けます。これに対して平安京に都を移したばかりの桓武天皇は、坂上田村麻呂を初代の「征夷大将軍」に任命し、討伐を命じたのです。

アテルイは敗れ、岩手県の一部までが日本国に併合されました。降伏した蝦夷の一部は、その騎馬能力を朝廷に買われて、北方防衛の傭兵《ようへい》として再編制され、「俘囚《ふしゅう》」と呼ばれました。これが武士団の起源の1つと考えられます。図8

一方、新都の建設と無理な東北遠征で財政危機に陥った桓武天皇は、軍団（常備軍）の廃止に踏み切ります。これ以後、地方の治安維持は武士団に丸投げとなったのです。

平安時代を通じて、西日本では旱魃や疫病が繰り返されて疲弊していきました。

これに対して関東・東北以北では、延喜15年（915）の十和田噴火（このときできたカルデラ湖が十和田湖 年表2）の被害を除いて、比較的平穏な環境が続いたようです。やがて東北武士団の中から、奥州安倍氏（故安倍晋三氏の祖先）、出羽の清原氏、平泉の奥州藤原氏など平安後期に活躍する豪族たちが現れます。

こうして力を蓄えた武士団は、前九年・後三年の役（1051〜1087）、源平の合戦（1180〜1185）、源氏の奥州平定（1189）を経て、12世紀末までに源氏／北条氏を頂点とする鎌倉幕府に統合されていきます。年表3〜5 日本の中心が近畿から関東へ移ったこと——これも中世温暖期の影響と見ることができるでしょう。

■坂上田村麻呂の東方遠征 図8

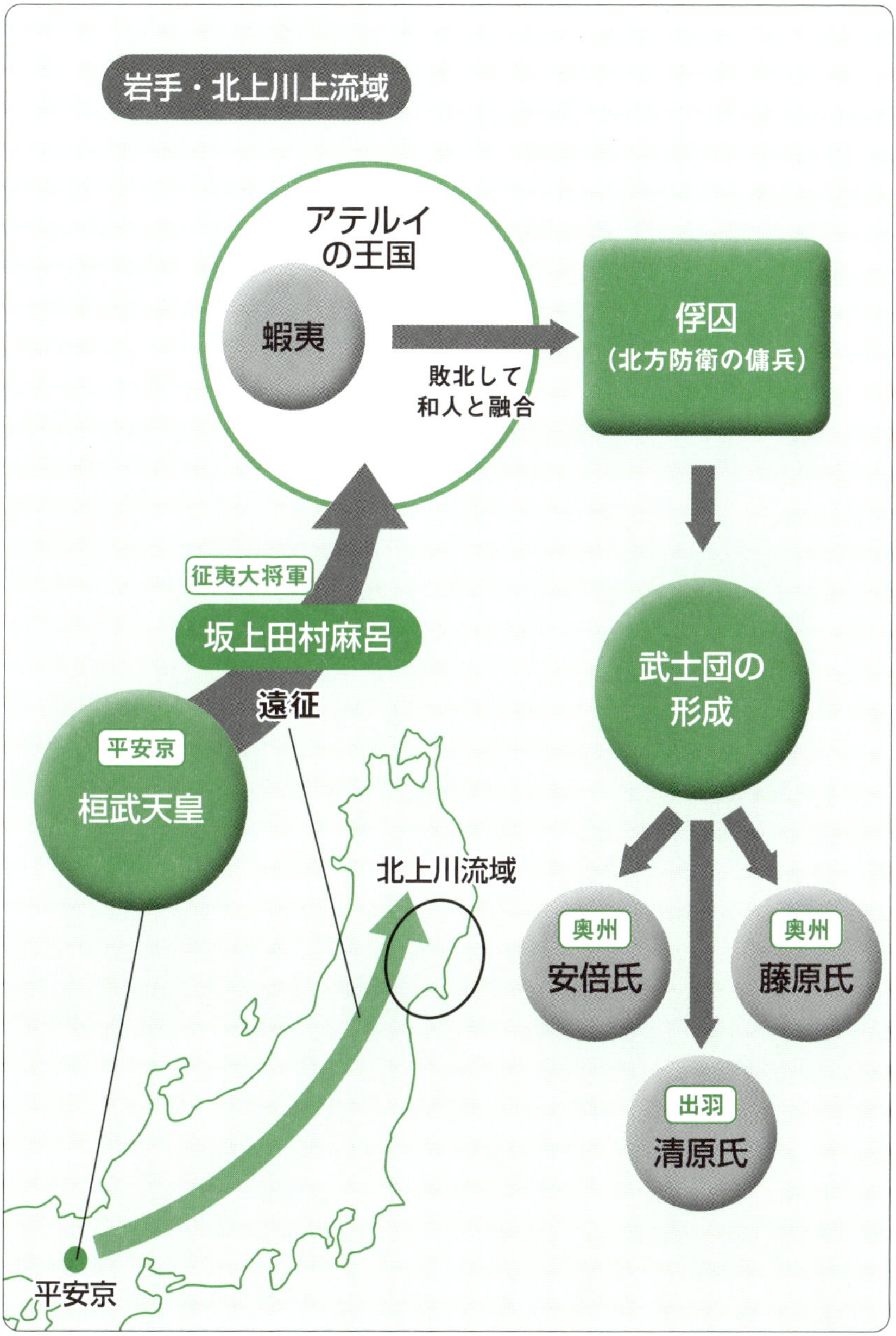

4 中世温暖期とノルマン人

同じ時代、唐王朝が治める中華帝国も崩壊過程にありました。律令制と呼ばれる肥大化した官僚制度が国家財政を食いつぶし、均田制と呼ばれる土地国有制度は破綻していました。旱魃《かんばつ》などの異常気象が混乱に拍車をかける一方で、北方遊牧民が台頭して唐を圧迫します。

トルコ系の遊牧民ウイグルは、衰退する唐を尻目に大帝国を築きました。唐で起こった破滅的な大反乱（安史の乱）に乗じてウイグル軍が唐の都・長安を攻略し、唐の皇帝に毎年の貢ぎ物を約束させます。

こうして中国本土を制圧する勢いだったウイグル帝国ですが、840年の大旱魃により家畜の大量死に見舞われ、たちまち崩壊します。年表7 遊牧民同士の抗争に敗れたウイグル人は、モンゴル高原からタリム盆地（現在の新疆《しんきょう》ウイグル自治区）へと西走し、逆に中華帝国の支配を受けるようになったのです。ウイグル帝国を崩壊させた大旱魃は、マヤ文明を古典期／後古典期に分ける旱魃と時期が一致します。

マヤ人が旱魃から立ち直ってチチェン・イッツァに大ピラミッドを建設した頃、モンゴル高原も再び草原に覆われ、10世紀に契丹《きったん》人、13世紀にはモンゴル人が遊牧帝国を再建します。年表8、9

沿海州（現ロシア領）に住んでいた狩猟民のギリヤーク（ギレミ）人は、樺太アイヌ（骨嵬《クイ》）と時に交易し、時に争う関係だったようです。13世紀、ギリヤークは樺太アイヌの侵入に対抗するためモンゴルの援軍を求め、これに応じたモンゴル軍が樺太まで侵攻します（北の元寇 年表9）。そしてモンゴルに押し出される形で、樺太アイヌが蝦夷地（北海道）に移住してきたのです。資料14

モンゴル帝国のユーラシア覇権、その余波としてのアイヌの北海道移住は、中世温暖期の最後のイベントとなりました。地球は徐々に寒冷化に転じ、モンゴル帝国と鎌倉幕府が崩壊、十字軍の派遣も停止され、黒死病（ペスト）がヨーロッパで猛威をふるいます。グリーンランドでは寒冷化で緑が失われ、北海は荒れて航海が難しくなり、ノルマン人よりも寒冷地に適応していたモンゴロイド系のイヌイット（トゥーレ文化人）がアラスカ方面から移住してきます。寒冷化のピークは、「小氷期」とも呼ばれる17世紀でした。資料15　このとき何が起こったのか、次節で見ていきましょう。

■蝦夷（エミシ）と蝦夷（エゾ）　資料14

ＤＮＡ調査によって、アイヌが縄文系の遺伝子を受け継いでいることはわかりました。しかしアイヌ語は日本語の方言ではなく完全に別系統の言語です。つまり、平安時代に坂上田村麻呂が戦った「蝦夷（エミシ）」と、鎌倉時代に登場するアイヌとは、もともと別の民族なのです。ところが日本側でアイヌのことも「蝦夷（エゾ）」と呼んだので混乱が生じました。明治時代に考古学や民族学が導入されると、アイヌ＝縄文人＝日本列島先住民説が流布されました。その影響は今日まで続き、日本の国会では「北海道の先住民族であるアイヌ」の誇りを尊重するための法律、いわゆるアイヌ新法が制定されています（2019)。日本の少数民族としてのアイヌ文化の尊重はわかります。しかし歴史的事実に照らせば、アイヌは鎌倉時代に蝦夷地（北海道）に流入した「渡来人」なのです。北海道には縄文人の末裔の蝦夷（エミシ）が住んでおり、彼らから見れば、アイヌも和人も侵入者となるでしょう

■地球の平均気温の変化　資料15

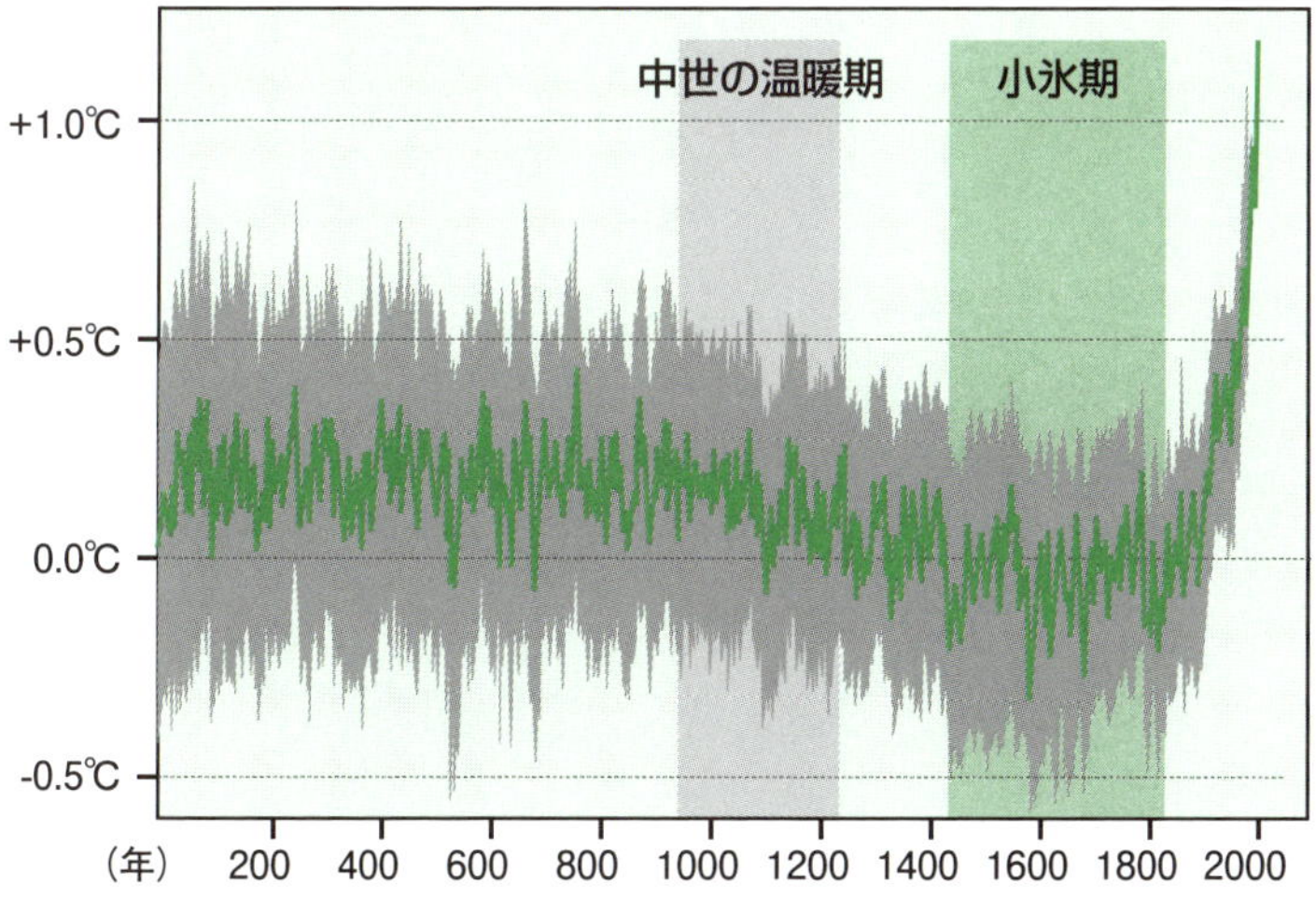

出典：From graphic by Ed Hawkins.　Data: from PAGES2k (and HadCRUT 4.6 for 2001-). Reference period: 1850-1900

5 小氷期と軍事革命

ヴァイキングを祖先にもつ北欧三国のうち、中世を通じて強勢を誇ったのは意外にもデンマークでした。国土面積ではずっと広いノルウェー・スウェーデンが厳寒地のため農業ができなかったのに対し、ドイツに接するデンマークでは食料生産ができたのです。

中世の後半、デンマーク王がノルウェー王を兼ね、スウェーデンの内紛に介入してスウェーデン王位も得た結果、三国を束ねるカルマル同盟（1397〜1523）が成立しました。図9 年表16

名目上、三国は対等合併でしたが、実質的には国力で上回る「デンマーク帝国」に組み込まれたスウェーデン人は独立運動を展開します。

1520年、暴虐で知られたデンマーク王クリスチャン2世が軍勢を率いてスウェーデンに乗り込むと「独立派を許す」と宣言し、「和解のための晩餐《ばんさん》会」をストックホルム城で開催します。招かれたスウェーデン貴族や有力市民が晩餐会場に到着すると、扉には鍵がかけられ、無防備な客たちにデンマーク兵が襲いかかって約100名が惨殺されました。資料17 年表17

「ストックホルムの血浴び」と呼ばれるこの陰惨な事件は、激昂《げきこう》したスウェーデン人を団結させる結果となり、スウェーデン解放戦争が勃発します。「血浴び」事件で父を殺されたグスタフ・ヴァーサが独立軍を指揮し、3年後にスウェーデン王国の独立を宣言し、国王グスタフ1世として即位したのです（ヴァーサ朝）。資料16

この対デンマーク戦争を通じてグスタフ1世が農民兵を指揮したことで、ヴァーサ朝の国王と農民との一体感が形成されました。

たとえば、フランスの三部会が聖職者・貴族・市民（商工業者）の代表で形成されたのに対し、1617年から制度化されたスウェーデン議会は、農民代表を加えた4つの身分の代表だったのが特徴でした。こうして、農民に一定の政治的発言権を与える見返りとして、彼らを徴兵して常備軍に

■デンマークが率いるカルマル同盟（濃緑部分）

資料16

グスタフ・ヴァーサ（1496 ～ 1560）

■ストックホルムの血浴び

資料17

動員するシステムが機能したのです。

常備軍の維持にはカネがかかります。グスタフ1世が目をつけたのは、国土の4分の1を所有していたカトリック教会でした。王はルター派に改宗し、カトリック教会の財産を国有化しました。こうして国庫は豊かになり、火砲の導入による軍事革命が可能になりました。

このグスタフ1世の孫として生まれたのが、スウェーデン史上最強の王、「北海のライオン」と呼ばれるグスタフ・アドルフでした。資料18

グスタフ・アドルフは、オランダのマウリッツが完成した銃兵の一斉射撃に加えて、攻撃力強化のためサーベル突撃をする騎兵を配置し、大砲による支援砲撃を加えました。主に城攻めに使っていた大砲を小型軽量化し、2~3名の兵士で運べる野戦砲（移動式大砲）に改造したのです。

このグスタフ・アドルフが完成した一斉射撃→騎兵の突撃→野戦砲の支援砲撃の組み合わせを「三兵戦術」図10と呼び、19世紀にナポレオンがこれを継承して大規模化しました。

このシステマチックな三兵戦術を実現するためには、兵士の規律と徹底的な訓練が必要です。スウェーデンの各州ごとに徴兵登録が行われ、登録者10~20人に1人の割合で徴兵を行い、徴兵に漏れた登録者には、資金提供を求めました。

歩兵は1200人で1連隊とし、これを数個の中隊に分け、連隊長→中隊長という指揮系統を作ります。1621年に定めた軍法では、上官への絶対服従に加え、略奪や売春の禁止を定めました。

人口2000万人のフランスが、常備軍30万人（男性人口の3パーセント）を保持していた時代に、人口わずか120万人のスウェーデンが4万人（男性人口の6パーセント）の陸軍を保持するのは、容易なことではありません。しかし他の大国が外国人傭兵（スイス兵やジェノヴァ兵）に頼っていたのに対し、士気の高い農民兵を主体とするスウェーデン軍は、周辺諸国を圧倒しました。

資料18

グスタフ・アドルフ（1594〜1632　著者作画）

■グスタフ・アドルフ

正式名はグスタフ2世アドルフ。16歳でスウェーデン国王になり、財政の安定化や法整備、軍制の改革などに加え、教育制度の確立などにも努めて自国をプロテスタントの強国に押し上げました。カトリックのポーランド、ギリシア正教を奉じるロシア・ロマノフ朝などとは対立関係にあり、ついにポーランドに侵入、ラトビア、リトアニアを支配下に入れました。その結果、スウェーデンはバルト海沿岸に広大な領土を展開することになりました。彼が「北海のライオン」と呼ばれる所以です

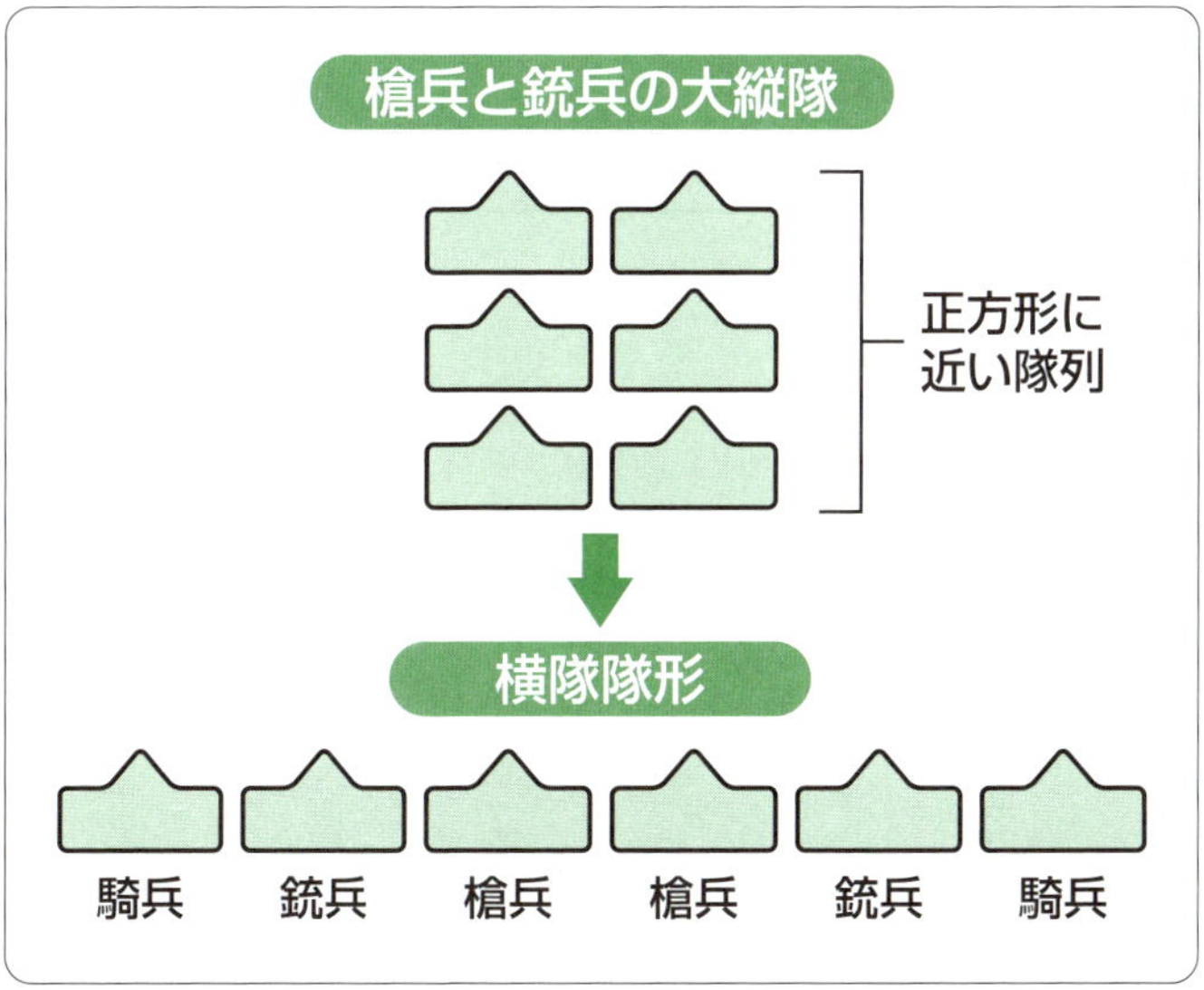

図10

■三兵戦術の基本

槍兵、銃兵、騎兵を使った戦術。15〜20列の大縦隊の槍兵と銃兵から成る重厚な正方形に近い隊形で進んでいたものを、槍兵の両側に銃兵、その両翼に騎兵を配置する横隊隊形に変えました。近代歩兵戦術の幕開けを告げる革新的な戦術でした

グスタフ・アドルフと三十年戦争

東方のモスクワ大公国（ロシア）で内乱が発生したのを機に、グスタフ・アドルフはロシアへ出兵し、バルト海の東岸（現在のエストニア・ラトヴィア・ロシア領ペテルブルク周辺）をスウェーデンに併合しました。

ポーランドやロシアに対する戦いを有利に進めてきたグスタフ・アドルフ王に、チャンスが訪れました。ドイツ（神聖ローマ帝国）で大規模な内乱――三十年戦争が勃発したのです。資料19 年表20

旧教徒の皇帝を支援するためスペインが軍事介入すると、新教徒側を支援するためデンマークも介入しました。デンマーク王クリスチャン4世はみずから軍を率いてドイツの中心部まで侵攻しますが、皇帝側の傭兵隊長ヴァレンシュタインの返り討ちにあり、敗退します。資料20

宿敵デンマークが痛手を負ったことは、スウェーデンにとっては朗報です。1630年、グスタフ・アドルフは参戦を決意し、軍を動員します。

士気の低い傭兵の群れからなる帝国軍を、スウェーデンは三兵戦術で次々に撃破していきました。追い詰められた帝国軍は、切り札として再びヴァレンシュタインを投入します。

1632年11月16日、中部ドイツのリュッツェンの戦場は、深い霧に包まれていました。年表21

こう着状態を破ったのは、グスタフ王みずから率いるスウェーデン軍の突撃でした。しかし帝国軍の陣地深くに切り込んだグスタフ王は、濃霧のため主力部隊から離れてしまいます。そこに帝国軍の騎兵隊が突撃をかけ、乱戦の中で複数の銃弾がグスタフ王の体に撃ち込まれます。

濃霧が幸いして王の死はすぐには全軍に伝わらず、このあとスウェーデン軍は善戦して皇帝軍を押し戻し、勝利を得ました。

霧が晴れたあと、戦場に折り重なる死体の中から、グスタフ王の遺体が発見されました。資料21

グスタフ・アドルフ王の戦死と2年後のヴァレ

資料20

■アルブレヒト・フォン・ヴァレンシュタイン（1583～1634）

三十年戦争で神聖ローマ皇帝（旧教徒側）の総司令官だった人物。もともとは貴族でしたが、カトリック軍を率いプロテスタント軍を撃破。介入したスウェーデン国王グスタフ＝アドルフと刃を交えて戦死させましたが、力を持ちすぎて皇帝と対立、謀反を疑われ1634年に暗殺されました

資料19

■三十年戦争（1618～1648）

1517年、ルターによる宗教改革から、ほぼ百年後に起こった宗教戦争。ドイツ内の新旧両派の対立が全ドイツに広がりました。西欧の新教国、旧教国が介入したことによって、最後にして最大の国際的な戦争になりました

資料21

リュッツェンの戦いでのスウェーデン王グスタフ2世アドルフの死（カール・ウォールボム、1855、スウェーデン国立美術館所蔵）

本文参考資料

古谷大輔「近世スウェーデンにおける軍事革命」『大阪大学世界言語研究センター論集3』2010　G・パーカー『長篠の合戦の世界史――ヨーロッパ軍事革命の衝撃　1500～1800年』大久保桂子訳　同文舘出版　1995

『現代戦略思想の系譜―マキャヴェリから核時代まで』ピーター・パレット編　防衛大学校戦争・戦略の変遷研究会訳　ダイヤモンド社　1989

ンシュタイン暗殺により、両軍はカリスマ的指導者を失い、戦争は再びこう着状態に陥ります。

「戦争が戦争みずからを養う」という言葉をグスタフ・アドルフは好みました。スウェーデンが勝利を続けることによってのみ、大商人から借入れや同盟国、特にフランスからの援助を可能にするという意味です。

長期戦、消耗戦になれば資金も枯渇し、農民も疲弊します。三十年戦争中、最大10万人規模まで増大したスウェーデン軍は兵力不足に悩み、ドイツ人の傭兵を現地採用するようになります。すると今度は、傭兵の給与支払いが滞るようになり、彼らの離反を恐れたスウェーデン政府は、占領地での略奪を黙認するようになったのです。

グスタフ・アドルフ王には息子がなく、王位を継いだのは6歳の一人娘クリスティーナでした。幼少期から「王太子」として養育されたクリスティーナは男装を好み、狩猟や剣術を愛す少女でした。父王の側近だった宰相オクセンシェルナが戦争と政治の実務を担当し、オランダ人法学者グロティウスを駐仏大使に任命して大国フランスを新教徒側で参戦させることに成功します。これで戦局は一気に変わり、皇帝側を追い詰めました。

1648年、ウェストファリア条約 資料22 年表22 が結ばれ、三十年戦争は終結しました。大敗した神聖ローマ帝国は名目だけのものとなり、ドイツの各諸侯と自由都市は独立国として認められました。最大の勝者となったスウェーデンは、ドイツ北岸のポンメルン地方を併合し、「バルト帝国」と呼ばれるようになりました。 図11

学問好きのクリスティーナ女王 資料23 は、法学者で駐仏大使のグロティウスやフランスの哲学者デカルトを宮廷に招きます。1650年1月にデカルトを招いたときはスウェーデン海軍の軍艦を派遣して丁重に出迎え、早朝5時から講義を求めました。しかしあまりの寒さに53歳のデカルトは肺炎を起こし、わずか1カ月で亡くなってしまいます。

資料22

ウェストファリア条約(1648) ヘラルト・テル・ボルフ画
(アムステルダム国立美術館蔵)

資料23
クリスティーナ女王
(1626～89　著者作画)

■バルト帝国(スウェーデンの最大領土)　図11

バルト帝国の崩壊と記録的寒波

カトリック諸国との和解による「キリスト教世界の再統合」というクリスティーナ女王の夢は、プロテスタント大国としての覇権を握ろうとするスウェーデンの国益とは矛盾するものでした。

20歳を迎えたクリスティーナ女王は退位の計画を立て、計画通り7年後に従兄にスウェーデン王位を譲ったあと、カトリックに改宗してローマに移住しました。

しかし、彼女の思いも虚しく、スウェーデンは再び大戦争への道を歩んでいきます。

「バルト帝国」と化したスウェーデンは周辺諸国にとっては脅威です。伝統的な宿敵デンマーク王に加え、ザクセン公を兼ねるポーランド王、ロシアのピョートル1世が北方同盟を結びます。

虎視眈々《たんたん》と反撃の機会を狙う北方同盟諸国に、朗報が飛び込んできました。1697年、スウェーデン王カール11世が胃がんによって早世し、14歳のカール12世が即位したのです。

3歳で馬を乗りこなし、11歳のとき一撃でクマを仕留めるなど幼少期から軍事的天才を示したカール12世ですが、北方同盟諸国は少年王の即位を失地回復のチャンスと見なしました。

1700年、デンマーク軍の攻撃で大北方戦争が始まり、ポーランド、ロシアが参戦しました。

資料24 年表23 17歳になっていたカール12世はみずから軍の先頭に立ち、デンマークの首都コペンハーゲンに進軍して北方同盟から離脱させます。資料25

続いてバルト海を渡ったカール12世は、ナルヴァの戦いでロシア軍を蹴ちらし、返す刀でポーランドに進軍してワルシャワを占領します。あわてたポーランド議会は和平派の国王を選出し、ここに北方同盟は瓦解しました。

しかし、スウェーデン軍がポーランド方面に転戦したことは、ロシア軍に回復の時間を与えました。ロシア軍の近代化を急いだピョートル1世は、

資料24

■クリシュフの戦い

1702年5月、カール12世はポーランド＝リトアニア共和国のワルシャワを占領しました。7月にはポーランド王のアウグスト2世とポーランド中央部キェルツェ南方で対峙しましたが、これを打ち破りました

■ナルヴァの戦い

1700年11月、ロシア軍がナルヴァ（エストニア）を攻めあぐねる中、カール12世率いるスウェーデン軍が海路エストニアに上陸しました。吹雪をついてロシア軍の本営を急襲し、ロシア軍は惨敗を喫しました

資料25

カール12世
(1682～1718　著者作画)

スウェーデン・ストックホルムにあるカール12世の像

バルト海東岸をスウェーデンから奪還すると、ここに新都ペテルブルクの建設を始めました。

 1707年秋、モスクワ攻略とピョートル打倒を目標に定めたカール12世は、全軍を東へ向けました。ベラルーシで冬を迎えたスウェーデン軍は極寒と風土病に苦しみ、おびただしい凍死者を出しました。この年、500年に一度という記録的な寒波がヨーロッパを襲ったのです。

 春になってもスウェーデン軍は食糧不足に悩まされました。ロシア軍が焦土作戦により自国の町や村を焼き払ったため、穀物徴発ができなかったのです。100年後にロシアに侵攻したナポレオン軍も、この焦土作戦により敗退しています。

 モスクワ攻略を断念したスウェーデン軍は、穀倉地帯のウクライナへ南下します。当時のウクライナでは、コサックと呼ばれる武装集団が自治を行っていました。ロシアからの独立を求めるコサックの首領マゼーパは、カール12世と同盟を結びます。


 1709年、ウクライナのポルタヴァでロシアとの決戦が行われました。資料26 年表24
スウェーデン軍1万6000は善戦しましたが、ロシア軍4万2000に兵力で圧倒されました。頼みのマゼーパ軍は、先にロシア軍の急襲を受けて逃亡し、何の役にも立ちません。

 大敗し、ロシア軍の捕虜となった1万余のスウェーデン兵はシベリアへ送られ、生還できたものは5000名余りでした。このポルタヴァの戦いは、スウェーデン・バルト帝国の崩壊と、ロシア帝国の台頭という世界史的な分水嶺となりましたが、その背景に記録的寒波があったのです。

 息を吹き返したデンマークとザクセン・ポーランドは再びロシアと同盟し、これにプロイセンとイギリスが参加しました。即位したばかりのイギリス王ジョージ1世は北ドイツ・ハノーヴァー公国の出身だったため、スウェーデンを敵視していたのです。

 一方、足を負傷したカール12世は、黒海北岸のオスマン帝国領クリミアへ逃れます。オスマン帝国のスルタンと同盟してロシアに攻め込もうとしますがうまくいかず、騎馬でオスマン帝国を脱してスウェーデンへ戻り、再び軍を率いてデンマーク領ノルウェーに侵攻します。

1718年、デンマーク軍の砦《とりで》を包囲していたカール12世の頭部を、一発の銃弾が貫きました（36歳）。その短い人生の大半を戦場で過ごしたカール12世は、「私は軍隊と結婚した」というほど兵士たちとの軍営生活を好み、華やかな宮廷生活を忌避していました。資料27

彼は生涯独身だったため、王位は妹のウルリカ・エレオノーラが継承し、1721年にロシアとの講和条約（ニスタット条約）を結んでフィンランド以外の領土を割譲し、歴史の表舞台からひっそ

資料26

ポルタヴァの戦い

資料27

カール12世の葬儀（グスタヴ・セーデルストレム、1884、スウェーデン国立美術館所蔵）

スウェーデン国内では厭戦《えんせん》気分が高まっており、カール12世の突然の死も、国内反戦派による謀略説があります。猛吹雪の中、撤退するスウェーデン軍も多くの犠牲者を出しました

5 小氷期と軍事革命

りと退場します。年表25

グスタフ・アドルフの軍制改革と三十年戦争に始まり、カール12世の大北方戦争敗北で終わったスウェーデンのバルト帝国時代（17世紀初頭〜18世紀初頭）。

歴史学では「17世紀の危機」と呼ばれ、ドイツの三十年戦争を筆頭に、フランスのフロンドの乱、イギリスのピューリタン革命、ロシアのコサック反乱（ステンカ・ラージンの反乱）、明朝を崩壊させた大農民反乱（李自成の乱）、日本の島原の乱……と内乱や革命が相次いだ時代でした。

このように世界的な社会不安の背景には、必ず地球規模の気候変動があります。

この時代はすでに望遠鏡が発明されており、太陽黒点が異常に少なかったという記録が確認されています（マウンダー極小期、表3 資料28 年表37）。太陽活動の低下が地球規模での寒冷化を引き起こしたのです。

古気象学で「小氷期」と呼ばれるこの時期は、人類が経験した最後の寒冷期となりました。特にポルタヴァの戦いがあった１７０９年の大寒波（Great Frost）は記録的なもので、イギリスの科学者ウィリアム・ダラムはロンドン近郊で、マイナス12度を観測しています。

大寒波は温帯地方の農業に打撃を与え、慢性的な食糧危機が社会不安の要因になったことは想像がつきます。

寒冷地に慣れた国々——スウェーデンやロシアはむしろ影響を受けず、農業可能な領土を確保するために南下政策を推進した、と考えると、三十年戦争や大北方戦争を説明できるでしょう。

大北方戦争で勝者となったロシア帝国は、その後エカチェリーナ２世の時代までに、穀倉地帯のウクライナを確保し、大国の地位を得るのです。

■過去400年の黒点の増減 表3

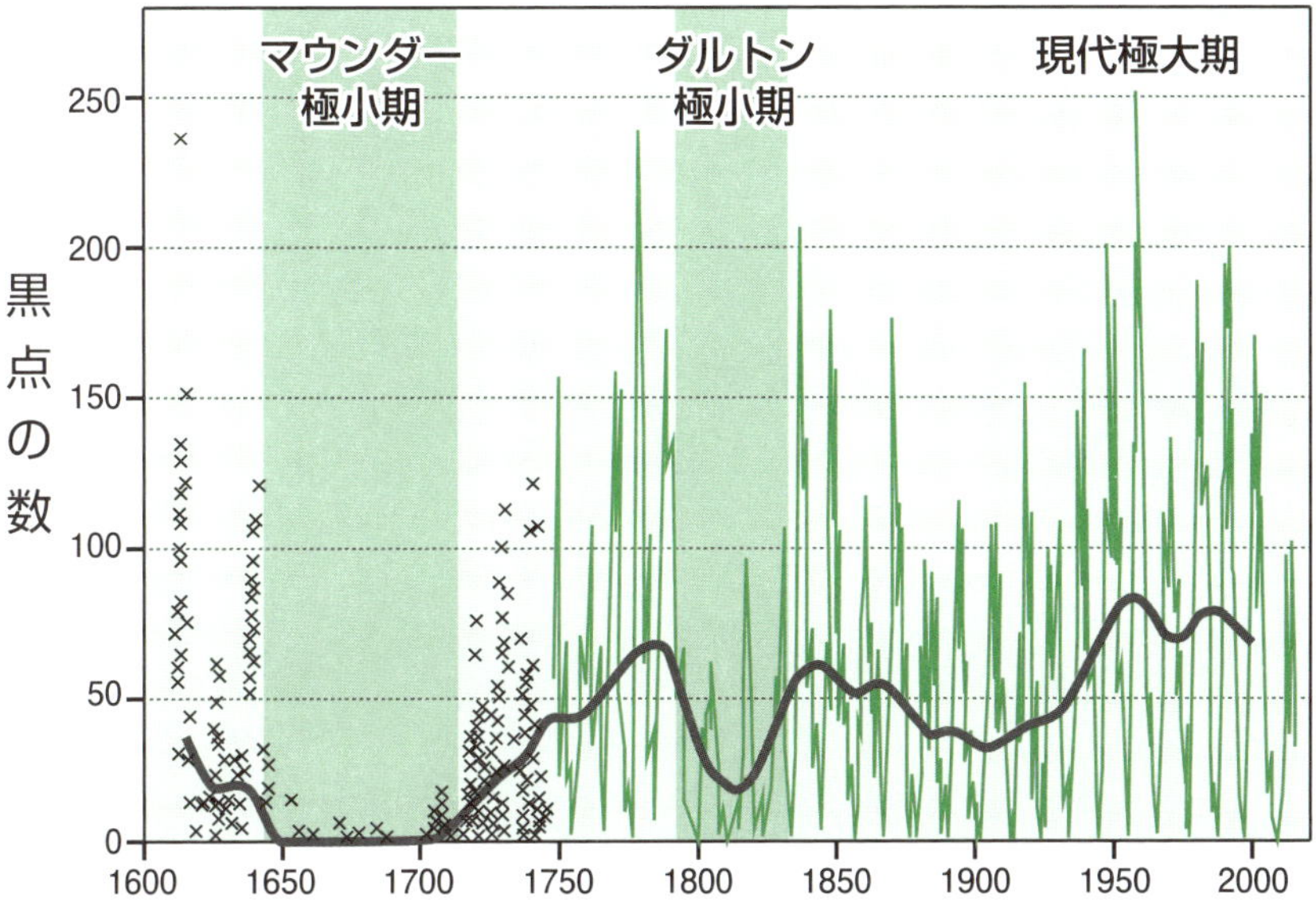

（著者作図。原図はhttps://commons.wikimedia.org/wiki/File:Sunspot_Numbers.png）

資料28 氷結したロンドンのテムズ川（1683年）

軍事革命と太陽黒点の関連性

「中世温暖期」にヴァイキングの活動が活発化したことと、「小氷期」にスウェーデンが大国化したことは一見矛盾するように見えます。暖かくても寒くても、彼らは活動しているではないか？と。

これに対する答えはこうです。ヴァイキングの活動は国家事業ではなく、冒険家たちの個人投資でした。「赤毛のエリク」が前科者として国を追われていたことを思い出してください。

一方、グスタフ・アドルフやカール12世は、国家事業として領土拡大政策を推進し、それを可能にしたのが大砲と小銃をシステマチックに運用する「軍事革命」でした。

それではヨーロッパが大動乱期に入った17世紀前半、日本は逆に百数十年続いた戦国時代を脱し、「徳川の平和」を実現できたのはなぜなのか？

江戸幕府も大砲などの最新兵器を装備していながら、領土拡大に走らなかったのはなぜなのか？

新田開発などコメの生産と関係すると思われますが、はっきりした答えは見つかりません。

近代ヨーロッパに始まった資本主義社会は、好景気、不景気の波に振り回されてきました。これを予知しようと経済学者たちが奮闘し、景気循環に関するさまざまな学説を打ち立てました。

●コンドラチェフ・サイクル（約50年周期）
●クズネッツ・サイクル（約20年周期）
●ジュグラー・サイクル（約10年周期）
●キッチン・サイクル（約40カ月周期）

表4

このうち、約10年周期の「ジュグラー・サイクル」が、太陽黒点の11年周期と関係があるのではないかというおもしろい研究があります。

すでに19世紀イギリスの経済学者ジェヴォンズが黒点の増減と穀物価格の変動に注目し、黒点の増加→温暖化→農業生産の増大→過剰生産による

表4

●コンドラチェフ・サイクル（約50年周期）

ソ連（ロシア）のコンドラチェフが提唱。世界恐慌を分析し、イノベーション（技術革新）の交代を景気循環の要因とします。オーストリア学派のシュンペーターが西側諸国に紹介して有名になりましたが、スターリン時代のソ連では「資本主義の復活」を予告する危険思想と見なされ、コンドラチェフは反革命罪で処刑されています

●クズネッツ・サイクル（約20年周期）

米国人クズネッツが提唱。建物の耐用年数を主な要因とします

●ジュグラー・サイクル（約10年周期）

フランス人ジュグラーが提唱。設備投資の耐用年数を主な要因とします

●キッチン・サイクル（約40カ月周期）

米国人キッチンが提唱。在庫の増減を主な要因とします

不景気、というサイクルを明らかにしています。とすれば、約10年周期のジュグラー・サイクルの要因として太陽黒点の増減を結びつけることは、理にかなっていると思います。

実は太陽は、11年周期で活動を弱めると同時に、北極と南極の磁極が入れ替わることがわかっています。

さらに11年後には再び磁極が反転して元に戻るのです。この11×2＝22年周期をヘール周期といいますが、これが景気変動の「クズネッツ・サイクル」と一致しているのです（嶋中雄二『太陽活動と景気』日本経済新聞出版　2010）。

かつてアステカ王国の神官は、太陽神が老いていくことを憂い、その死を先延ばしするために、毎日、人間の生け贄を捧げていました。

そしていま、21世紀の投資家が太陽黒点の変化に一喜一憂しているのです。

結局人類は太陽をおそれ、崇《あが》めるしかないのかもしれません。

茂木誠（もぎ・まこと）
作家、予備校講師、歴史系YouTuber

駿台予備学校、ZEN Study（N予備校）で世界史担当。『世界史で学べ！ 地政学』（祥伝社）、『「戦争と平和」の世界史』（TAC出版）、『「保守」って何？』（祥伝社）、『教科書に書けないグローバリストの近現代史』（ビジネス社・共著）、『「リベラル」の正体』（WAC・共著）、『ジオ・ヒストリア』（笠間書院）、『政治思想マトリックス』『日本思想史マトリックス』（PHP研究所）、『日本人が知らない！世界史の原理』（ビジネス社・共著）、『日本人が学ぶべき西洋哲学入門』（TAC出版・共著）など著書多数。YouTubeもぎせかチャンネルで発信中。

ブックデザイン・本文組版　清水洋子
写真提供　iStock ／ Shutterstock ／晴明神社／ Valery Egorov ／ Asergieiev ／ Gatsi ／ rock ptarmigan ／ arianarama ／ Christine_Kohler ／ Dmitry Chulov ／ Thomas Faull
構成協力　岸和也
イラスト協力　鈴木真紀夫
編集協力　菊池企画
印刷・製本　倉敷印刷

※本書は、2022年発行『ジオ・ヒストリア 世界史上の偶然は、地球規模の必然だった！』を図解版として再編集したものです。

図解《ずかい》
ジオ・ヒストリア
長期変動《ちょうきへんどう》の世界史《せかいし》が語《かた》る衝撃《しょうげき》の事実《じじつ》!!

2024年12月5日　初版第1刷発行

著 者　茂木誠
発行者　池田圭子
発行所　笠間書院
〒101-0064
東京都千代田区神田猿楽町2-2-3
電話　03-3295-1331
FAX　03-3294-0996

ISBN 978-4-305-71028-4

https://kasamashoin.jp